MEDIAVLA >>   NIEDERLÄNDISCHE MEDIENKULTUR

herausgegeben von   cathleen   haff   es

Mediavla

>> *NIEDERLÄNDISCHE   MEDIENKULTUR*

Mediavia

7 Voraus zur
niederländischen Medienkunst
Geert Lovink

BEWEGEN LERNEN

8 Mik´s Action Jamming
Waling Boers

11 Kooijmans, Bogers, Maat
und eddie d
Werkausschnitte

13 Montevideo
Heiner Holtappels

14 Sich selbst schauen sehen-
Im Atelier von Rob Johannesma
Bert Jansen

BAUTEN HÖREN

17 Glasboxtanz
J-P Magis

18 Vla-Architektur-
Baukunst, hochviskos
Christian Welzbacher

23 Agora Phobia Digitalis
ein Projekt von Karen Lancel
Jellichje Reijnders

BEWEGEN LERNEN

25 »Networking is not working«
Interview mit Geert Lovink
Arjen Mulder, Maaike Post

30 Doors of Perception-
Pforten der Wahrnehmung

31 De Rijke/De Rooij-Junks
Vanessa Joan Müller

32 V2_ Institut für Instabile Medien

34 Steim und das Touchfestival
Sally Jane Norman

37 Globaler Noise im Dorfzentrum
Henning Kraudzuhn

NETZE WERKEN

40 Das Netz entlässt seine Künstler
Helge Borgmann

46 Das Netz als Diskursmaschine-
Niederländische Netztheorie
Mercedes Bunz

48 Distanzen messen
Andreas Broeckmann

50 De Waag
Zentrum für alte und neue Medien
Marleen Stikker

52 Virtuelle Plattform
Cathy Brickwood

53 Trancemedia-
Von Simulation zu Emulation
Arjen Mulder

60 Literaturliste/Abbildungen
63 Liste allgemeiner Adressen
und relevanter Festivals

>>6

Die niederländische Medienkunst zeichnet sich durch eine große Experimentierfreude aus. Meistens geht es nicht um schwere Fragen nach Identität, Diskurs, Bedeutung und Geschichte, sondern um das spielerische Herausfinden neuer Mediengesetzmäßigkeiten.

Voraus zur niederländischen Medienkunst!

Die Feldversuche zielen nicht auf Überschreitung oder Ausschweifung. Heitere Taktilität und ausgeprägte Form werden als gerechte Ziele angesehen und erst einmal nicht als Schickimicki oder inhaltslose Äußerlichkeit abgetan. Stattdessen werden in den Formlaboren der »Käseköpfe« Oberflächen mit Ideen gefüllt. Dabei kommen Form und Inhalt nie in einer Synthese zusammen. Es gibt kein Gesamtkunstwerk niederländischer Art. Die Ästhetik im Alltag, sei es in den Arbeiten von digitalen oder analogen Meistern, hat ihre eigene Tiefe und Tradition, die von Architektur bis zu Netzgemeinschaften reicht. Die kollektive Suche nach dem absolut Modernen ist stets mit dem Versuch verbunden, Innovation als Kernstück gesellschaftlicher Arbeit anzusehen.

Die Probebohrungen ins Neue suchen in den Niederlanden oft eine ausgeprägte, gleichzeitig strenge Ästhetik, sei es in der Typografie, Farbe oder Raumgestaltung: Expressiver Minimalismus, sagen die einen, andere nennen es eine protestantische Revolte. Das mag sein. Wichtig aber ist, dass die großen Ideen erst einmal zurücktreten. Obwohl jeder sich der historischen Avantgarde und deren Strapazen, Paradoxien und Fehlern bewusst ist, wird es nicht als die Aufgabe neuer Kunst gesehen, sich der Theorie unterzuordnen und ›theoriegerechte‹ Bildvorstellungen zu bedienen. Die ästhetische Lust zielt nicht ab auf die Herstellung von Kunst oder Mediengeschichte. Deswegen kommen manch einem die jungen niederländischen Arbeiten immer ein wenig fremd, oder gar abartig vor. Die Radikalität die benötigt wird, sich ins Weite, ins Freie zu wagen ist nicht immer erfolgreich und kommuniziert oft schwer mit den letzten Trends aus Paris, London oder New York.

Die niederländischen Medienexperimente sind weder theorielastig noch besonders politisch korrekt, viel mehr sind sie Ausdruck einer gemeinsamen Suche nach Freiheit und individuelle Stil. Es geht dabei nicht um die Frage wie die Arbeiten in die Gemeinschaft hineinpassen, sondern was die ästhetischen Dimensionen einer gnadenlosen, kalten (und nassen) Toleranz sind. Das befreite Subjekt wird erst einmal auf sich selbst zurückgeworfen. Die Autonomie ist kein utopisches Ziel, sondern graues Faktum.

Dies alles birgt die Gefahr des Anti-Intellektualismus. Radikale Formexperimente brauchen keine Deutung oder Legitimation. Der Laborcharakter ist kein Zeichen von gesellschaftlicher Isolation. Ganz im Gegenteil rühmen sich die Niederländer der frühen Aufnahme von neuen Gedanken, Formen und Technologien. Es gibt aber auch problematische Seiten an dieser »Homo-Ludens-Strategie« der ästhetischen Probeküche Europas. Die enorme Bedeutungssuche im Formalen führt leicht zu Verwirrung und Langeweile bei den Zuschauern. Was will das Experiment? Wozu Unfertiges anschauen? Formexperimente haben aber einen anderen Stellenwert in der Gesellschaft als ›Große Kunst‹. Sie brauchen vor allem Freiheit, Fehler zu machen, zu stolpern und eine gewisse Halsstarrigkeit, weiter zu machen, Jahre und Jahrzehnte lang- und bloß nicht aufgeben!

Während die Suche nach Neuland unter der medienkünstlerischen Oberfläche immer wieder Vibrationen auslöst, erscheint ihre Entwicklung daher insgesamt eher wie eine zähflüssige Masse, die in ihrem Fließverhalten an die niederländische Süßspeise Vla erinnert. Ihre eigenwilligen Geschmacksrichtungen werden gerne zu einer Mischung verrührt.

Dementsprechend mischen sich in dieser Dokumentation theoretische und praktische Aspekte der Medienkunst sowie zahlreiche Kunstgenres untereinander: Architektur mit Tanz, Bildende Kunst mit Musik, Verhaltenstheorie mit Netzforschung, Politik mit Hotellerie. Den Mix fordert das Thema selbst. Aktuelle Positionen werden nebeneinandergestellt. Ihr gemeinsamer Nenner ist die grundlegende Hinwendung zu den Neuen Medien. Browser, Interfaces, virtuelle Netzwerke sind, wie auch Vla, gestaltlos, passen sich ihrer jeweiligen Hülle an, fließen einander zu und gehen ineinander über. Kaum merklich vermischen sich dabei analoge und digitale Wahrnehmungen.

GEERT LOVINK *ist Medientheoretiker und Netzkritiker. Mitglied der Agentur Bilwet und Mitbegründer der Digitalen Stadt, desk.nl, nettime, fibreculture und sonstigen Netzprojekten. Lebt derzeit in Sydney, Australien.*

CATHLEEN HAFF *Herausgeberin*

Sanft schwenkt die Kamera von einer Seite zur anderen. Menschen – nicht Menschen wie du und ich, sondern menschliche Wesen mit ausdruckslosen Gesichtern in blaugefärbten Arbeitsuniformen – bewegen sich miteinander ringend hin und her, oder ist das nicht

Mik´s Action Jamming

wirklich ein Ringen? Ist es mehr ein Schupsen und Zerren? Im Hintergrund ein Auto, das sinnlos umherfährt. Offensichtlich ist das keine Demonstration gegen die Welthandelsorganisation. Aber was passiert hier?

In seiner neusten Arbeit *Glutinosity* (2001) fängt Mik genau den Moment ein, in dem das Menschsein verschwimmt – eines seiner Hauptanliegen. Aus Erfahrung kann ich sagen, dass ich noch nie eine Serie von Arbeiten – oder besser ›Tableaus‹ – wie diese gesehen habe.

Menschen, die in einer entmenschlichten Sitation gefangen sind und die diesen Umstand völlig akzeptieren – egal, ob es sich um ein Erdbeben, einen Nervenzusammenbruch oder um eine Straßenschlacht handelt – sie verhalten sich so, als ob es normal sei, als ob es ihnen sogar gefiele. Möglicherweise sehen wir ja auch nur einem Tanz zu.

Mik scheint sich ganz leicht von der »Realität« zu lösen, wenn er Menschen in verwirrende, widersprüchliche Situationen setzt, die ein ganz neues Umfeld schaffen, ein »Dazwischen« mit eigenen Gesetzen und eigentümlichen Räumen; es ist eine Art action jamming. Ganz deutlich wird das in der Arbeit *Kitchen* von 1997, wo alte Männer in einem Boxkampf verstrickt sind, der eher an eine Slapstick-Szene erinnert. *Organic Escalator* von 2000 zeigt Menschenmengen auf Rolltreppen zusammengepfercht wie am ersten Tag des Schlussverkaufs, die nicht zu bemerken scheinen, dass

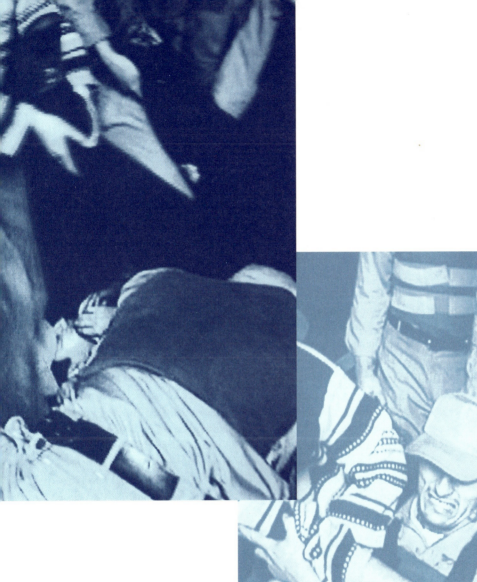

die Wände wie bei einem Erdbeben oder einer Bombenexplosion neben ihnen zusammenstürzen. Die »Opfer« sind nicht beeindruckt von diesen Ereignissen, im Gegenteil, ihre Körper sind miteinander verknotet und verschlungen. Zusammen werden sie zu einem organisch-fremdartigen Alien.

Die Strategie des Künstlers ist komplex in ihrer Umsetzung, aber effektiv in ihren Konsequenzen. Offensichtlich handelt es sich hier nicht um eine dieser Videoarbeiten, die sich mit der »Alltagsrealität« begnügen. Hier herrschen andere Gesetze, die die Situation bestimmen und Zeit und Raum auf künstliche Weise strukturieren. Es ist wie der inszenierte Flugzeugabsturz in einem low-budget B-Movie, wo man sieht, dass das Flugzeug nicht von selbst erbebt, sondern geschüttelt wird. Hier ist alles Absicht.

Miks Arbeiten sprechen uns auf mehreren Ebenen an. Wie der Titel *Glutinosity* andeutet, sind die Dinge tatsächlich »zäh« geworden. Besonderen Wert bekommt die soziale, beziehungsrelevante Dimension seiner Arbeit. Wie bereits gezeigt, werden die alltäglichen Spielregeln zur Bewahrung der individuellen Integrität durch die Dynamik der Gruppe und der Masse verletzt. Es gibt da eine unerwartete Verschiebung der Arbeitsteilung, ja sogar der Machtverhältnisse. Man kann nicht mehr erkennen, wer wen herumschupst oder wer leidet. Die Beziehungen werden verkehrt, in Frage gestellt oder vernachlässigt und es hat den Anschein, dass diese Menschen sich selbst missachten. Dieses Verschwimmen des Einzelnen in der Gruppe oder der Masse endet meist in einem seltsamen physischen Erlebnis.

Auch in medientechnischer Hinsicht ist die Szene in hohem Maße artifiziell; alles ist inszeniert. Die Schauspieler arbeiten mit eingeschränkten Darstellungsanweisungen und werden in einem professionellen Studio gefilmt. Dies wird im Betrachten der Szenen auch deutlich. Man akzeptiert, dass den Bildern die zu erwartende Handlung eines (Dokumentar-) Films fehlt – dadurch wird aber der Eindruck der Bilder nur noch verstärkt. Die repetitive Struktur von Miks Arbeiten wirkt – anders als in den Werken

Rodney Grahams oder Stan Douglas' – wie ein »geschlossener Kreislauf« und macht es dem Zuschauer fast unmöglich, sich zu orientieren. »In der Erinnerung sieht man es nicht mehr als klar definiertes Bild«, erklärt Mik, »sondern eher als endlose Bewegung.«

Miks Arbeiten sind zudem erstaunlich räumlich. Das liegt an seiner eigenwilligen Einbeziehung des architektonischen Raums, in dem der Film installiert wird. Durch die skulpturale Räumlichkeit wird das Publikum selbst zum Akteur der Installation. Man ist tatsächlich physisch »im Werk«. Kommt man in *Glutinosity* aus der Dunkelheit in einen leuchtend blauen, engen Raum, möchte man die lebensgroße Projektion durchqueren. Ganz wie die Schauspieler verlieren die Besucher die Orientierung und werden gezwungen, neue Beziehungen untereinander und zur Umwelt aufzubauen.

Ist das ganze Szenario Teil eines großen »No logo«-Unternehmens, um die durch die Medien geprägten und vorherrschenden Interpretationen unserer Welt zu zerstören? Um die starren Bedeutungen unseres Alltags zu erschüttern? Gibt es überhaupt Politisches in dieser Arbeit? Auf den ersten Blick handelt es sich um Actionwork, die sich mit Machtstrukturen auseinandersetzt, indem sie das Individuum der Masse gegenüberstellt. Das ist nicht zu entscheiden, auch wenn eines sicher ist: Mik schafft es, uns genauer auf die vorgefertigte Wirklichkeit schauen zu lassen und sie für spezifischere Deutungen zu öffnen.

Genau diese Mehrdeutigkeit macht seine Arbeit so zwingend. Im Geiste Richard Rortys zeigt Mik, dass es »da draußen eine Welt gibt, aber keine Beschreibungen dieser Welt«. So extrahiert er eine Szene aus einer Demo und befreit die Handlung aus ihrem Kontext, um ihn durch einen anderen zu ersetzen, der einen allgemeineren Bezug zum menschlichen Verhalten besitzt. Er schafft geschlossene, sogar aufgeräumte Szenarien, die weder Befreiung noch Erlösung erlauben. Die Erfahrung, in dieser Situation gefangen und den sich wiederholenden Bildern ausgesetzt zu sein, zwingt den Betrachter zu einem genaueren Blick auf bestimmte Bestandteile und erlaubt ihm, die Szene seiner eigenen Situation gemäß zu interpretieren.

Eigenartigerweise macht gerade der Widerspruch zwischen den sich ständig verändernden Wiederholungen und der wachsenden Bewusstwerdung der Künstlichkeit der Arbeit die Szenen umso realer und bricht das auf, was zuvor geschlossen war. Es ist die Fährte am Rand des Verschlossenen (closure), die uns nach Öffnung suchen lässt. Eben diese Strategie – Abgeschlossenheit (closure) zu vermeiden – kennzeichnet das Gegenwärtige der Kunst. Und es lässt den Loop in *Glutinosity* vor unseren Augen zerfallen.
(ÜE–D:BBE)

WALING BOERS *ist Kurator und Direktor Büro Friedrich Berlin*

:VIDEOS SCHAUEN

Werkausschnitte

Jeroen Kooijmans' (1967) Arbeiten sind gekennzeichnet durch minimale, aber doch wirksame Eingriffe. Charakteristisch ist die besondere Wahl des Schauplatzes und die subtile Bearbeitung des Rohmaterials in der späteren Montage. In einem lebendigen, doch gelassenen Stil schafft Koijmans außergewöhnlich realistische Bilder. Seine Arbeit scheint viel mit reiner Beobachtung zu tun zu haben, so, als ob sie eine direkte Übersetzung dessen wäre, was Kooijmans gesehen oder gedacht hat. Er legt seine Karten auf den Tisch, so dass der Betrachter mit ihm gemeinsam unbeschwert schauen, denken und träumen kann. Und genauso zeigt er uns kühl und ernsthaft die seltenen Momente, in denen Menschen träumen und phantasieren und in denen sie die Realität und die dumpfe Masse für einen Moment hinter sich lassen können. Jeroen Kooijmans lebt und arbeitet zurzeit in New York.

Peter Bogers (1956) In seinen Arbeiten sind Ton und Bild gleichwertige Elemente, die in einem dynamischen Zusammenspiel Form und Inhalt bestimmen. Viele seiner Installationen untersuchen den Übergang von Ton zur Musik und von Ton zur Stimme mit Hilfe elektronischer Instrumente und der menschlichen Stimme. Wann werden Töne zu Musik und umgekehrt? In welchem Moment verwandelt sich ein Ton in Stimme und wann in Kommunikation? Wann zerfällt eine Stimme zu unartikulierbaren Geräuschen? Bogers beschäftigt sich zudem unermüdlich mit dem menschlichen Körper, den er auf verschiedenster Weise einsetzt, nicht nur in Videos, sondern auch als räumliches Element und konzeptuelles Material. In seinen Arbeiten hat die scheinbare Einheit und Identität des Körpers, wie sie sich aus der Außenperspektive präsentiert, der Fragmentation und Entfremdung Platz gemacht.

Hermen Maat unter Verwendung verschiedener Medien entwickelt er interaktive Situationen, um die Beziehung zwischen individueller Identität und sozialem Kontext zu untersuchen. Seine Installationen basieren auf dem Spannungsfeld zwischen Erkennen und Benennen eigener Identitätsgrenzen einerseits und dem Betreten eines kollektiven Raums andererseits: der Begegnung mit dem Anderen.

Bei seiner interaktiven Installation *Paranoid Panopticum* vermischen sich Livebilder mit aufgezeichneten Szenen. Geschwindigkeit, Verlauf und Überlagerung ist vom Agieren des Betrachters abhängig – Kontrolle als Selbstzweck einer auf Kontrolle ausgerichteten Gesellschaft. Diese Arbeit setzt sich mit einem Paradoxum auseinander, das auf dem Mythos von Narziß und der Nymphe Echo zurückgeht. Sobald der Spiegel ein klares Bild zurückwirft, präsentiert sich abrupt das Ende als unausweichliches Streben nach dem selbstverliebten Blick ins eigene Spiegelbild. Die Darstellerin in Vivianne de Muynck.

Der Künstler lebt und arbeitet in Amsterdam und hat seit 1993 diverse internationale Lehraufträge.

eddie d (1963), graduiert 1991 an der AKI Enschede, Institut für Medienkunst, Holland. Sein Werk besteht aus Fotos, Videos und Video/Computerinstallationen. Seine Themen sind die Sprache, der Rhythmus und die Beziehung von Bild und Ton.

In den Videos entstehen musikalische Kompositionen, in denen er mittels virtuoser Schneidetechnik rhythmische Strukturen baut. Die Wiederholung ist das vorherrschende Ausdrucksmittel dieser Kompositionen. In seinen Installationen untersucht eddie d isolierte Töne, Bewegungen und Gesten. Meistens bedürfen die Arbeiten der Teilnahme eines Besuchers; er/sie muß einen Knopf drücken oder auf eine Matte steigen um die Arbeit ganz sehen und erleben zu können. Die Wahl seiner Bilder ist dabei oft vom Alltag bestimmt. Der Künstler zoomt auf ein Objekt und isoliert es von dessen Umgebung.

In Zusammenarbeit mit dem Komponisten Jaap Derksen und Montevideo entstand das »Toonbeeldklavier«. Mit diesem Instrument können die Bilder und Töne von eddie ds Videos ›live‹ auf einem von Jaap Derksen gespielten Keyboard aufgeführt werden.

eddie d experimentiert momentan mit Gedichten, dabei handelt es sich um kurze Videostücke, in denen das gesprochene Wort in Kompositionen aus Sprache und Rhythmus transformiert wird. Themen, die die menschliche Existenz betreffen, werden dabei in nur wenige, abstrakte Begriffe gefasst. Diese Arbeiten bestehen vor allem aus repetitiven mimischen und gestischen Bewegungen. Die englischen und deutschen Untertitel fügen dem Ganzen eine weitere Ebene hinzu.

Montevideo

Das Niederländische Institut für Medienkunst, Montevideo/Zeitbezogene Künste hat sich zum Ziel gesetzt, die umfangreiche Entwicklung, Anwendung und Verbreitung der neuen Technologien in den Visuellen Künsten sowie das Nachdenken darüber zu fördern. Das Institut unterstützt Medienkunst in den drei Schwerpunktbereichen Präsentation, Forschung und Konservierung. Dank seiner Ausstattung kann es Künstlern und Kunstinstitutionen ein breites Dienstleistungsangebot bereitstellen. Dazu gehört auch ein alle Aktivitäten begleitendes Lehrangebot.

Sammlung Seit der Gründung des Niederländischen Instituts für Medienkunst im Jahr 1978 hat das Institut eine umfassende Sammlung aus Video- und Medienkunst aufgebaut, die ständig durch neue Werke erweitert wird. Neben seiner eigenen Sammlung verwaltet das Institut auch die Videosammlung von De Appel und die des früheren Lijnbaan Zentrums. Momentan umfasst die Kollektion mehr als 1400 Werke, die von den ersten experimentellen Arbeiten inzwischen international anerkannter Künstler bis zu den jüngsten Werken angesagter Newcomer reicht.

In der Mediathek im Erdgeschoss kann sich die Öffentlichkeit – Studenten, Kuratoren, Künstler, Lehrer, Kunsthistoriker und andere Interessierte – über die Künstler und ihr Werk informieren. Jedes Video der Sammlung kann an speziell für die Besucher eingerichteten Plätzen gesichtet werden. Neben der Videosammlung befindet sich in der Mediathek auch eine umfangreiche Bibliothek mit Büchern, Zeitschriften und Dokumentationen über zeitgenössische Kunst und Medientheorie. Der Eintritt zur Mediathek ist frei.

Das Projekt zur Erhaltung von Videokunst Es ist allgemein bekannt, dass Videokunst zwar reproduzierbar, aber nicht lange haltbar ist. Selbst wenn Videoarbeiten mit großer Sorgfalt verwahrt werden, tritt nach sieben Jahren bereits ein erheblicher Qualitätsverlust ein, und nach zehn Jahren werden die Schäden offenkundig. Um den Zerfall der Videoarbeiten in den öffentlichen Sammlungen der Niederlande aufzuhalten, haben sich viele Institute für die Erhaltung der Videokunst in ihren Sammlungen zusammengeschlossen. Dieses Konservierungsprojekt wurde vom Niederländischen Institut für Medienkunst, Montevideo/Time Based Arts (NIM) initiiert und wurde im Jahr 2000 der Stiftung für die Konservierung Moderner Kunst zugeteilt.

Die Ergebnisse Einheitlich konservierte Videokunst in großer Anzahl in repräsentativen Sammlungen >> Entwicklung, Durchführung und Begutachtung einer Methode zur Erhaltung von Videokunst und ein Registrierungssystem für die Erhaltung von Videokunst >> Absprache und Zusammenarbeit mit (internationalen) Museen und Forschungsinstituten auf dem Gebiet des Datenaustauschs und der Entwicklung neuer Methoden, beispielsweise über das Internationale Netzwerk zur Konservierung von Zeitgenössischer Kunst (INCCA).

Konservierungsmethoden Video ist ein codiertes Signal. Das heißt, jedes

Band kann nur auf einem Gerät abgespielt werden, das dieses Signal in Bild und Ton umwandeln kann. Das Band und das Gerät zu »konservieren« ist praktisch unmöglich. Stattdessen wendet man die Methode an, Bänder, die sieben Jahre oder älter sind durch Duplikation auf ein digitales Format zu sichern. Es soll nicht die Technik der Arbeit erhalten werden, sondern die Originalität des Kunstwerks, die Intention des Künstlers, seine Botschaft und deren Wirkung.

In Absprache mit dem Künstler wird entschieden, ob die Arbeit digitalisiert werden soll und welche Kopie man für die Digitalisierung verwendet. Es wird sichergestellt, dass der Künstler (zu einem gewissen Grad) an diesem Prozeß teilnimmt. Die Digitalisierung erfolgt immer auf der Basis der frühesten Kopie. In der Praxis ist dies die erste oder zweite Kopie, oder der Submaster. Spätere Kopien werden nur dann benutzt, wenn die frühere schon zu sehr beschädigt ist. Im Falle von Duplikaten wird nur eine der Kopien digitalisiert. Nachdem man die erste oder die zweite Kopie oder den Submaster bekommen hat, werden die Bänder auf ihre konsistente Bild- und Tonqualität hin getestet, eventuell gereinigt und dann auf Digital Betacam kopiert. Bei älteren Arbeiten muss der ursprüngliche schwarz-weiß Kontrast und die Audiofrequenz restauriert werden. Um die richtige Einstellung bei der Wiedergabe zu gewährleisten, werden alle Arbeiten mit Testsignalen ausgerüstet. (ÜE-D:BE)

HEINER HOLTAPPELS *ist Direktor von Montevideo*

Ich kann mich nicht an den zeitlichen Aspekt der Videokunst gewöhnen. Jedes Mal, wenn ich im Museum auf einen Monitor oder eine Projektion treffe, stelle ich ein gewisses Zögern fest, stehen zu bleiben, um zu schauen. Zunächst einmal bedeutet ›schauen‹

Sich selbst schauen sehen

Im Atelier von Rob Johannesma

in diesem Zusammenhang warten, bis das Band zu Ende ist, und endlich wieder von vorne beginnt; erst dann kann man das Werk in gesamter Länge bis zu Ende sehen. Ich wundere mich wie man automatisch davon ausgeht, dass der Betrachter geduldig darauf wartet, egal, was ihm präsentiert wird. Ich bevorzuge die Unmittelbarkeit der Malerei, die sich nicht nach dem ersten Blick verändert, sondern ein gleichbleibendes, unveränderliches Bild zeigt. Der Betrachter kann selbst entscheiden, wie viel Zeit er sich nehmen will, um das Bild zu entdecken. Er (oder sie) kann versuchen, durch den Rhythmus und das Tempo des Pinselstrichs herauszufinden, wie lange es gedauert haben mag, das Gemälde fertig zu stellen; oder er kann im sorgsamen Gleichgewicht der Komposition die Konzentration des Künstlers nachempfinden und seine Vermutungen mittels Vorstudien und Korrekturen überprüfen.

Das waren meine ersten Gedanken beim Besuch von Rob Johannesmas Atelier, als ich eine Anordnung aus Monitoren und einem Videobeamer sah. Bald wurde jedoch klar, dass diese Arbeit anders war als die Videos, die sonst dieses Medium bestimmen. Die Projektionszeit war hier nicht einfach die Zeit, in der sich eine Szene auf dem Bildschirm entfaltet. Ich blickte auf ein Standbild. Erst nach einer gewissen Zeit bemerkte ich eine leichte Bewegung, die zwar kontinuierlich anhielt, aber doch nur die Projektion und nicht das Motiv betraf.

Das vertikal ausgerichtete Video zeigt einen Baum und Äste, an die die Kamera langsam heranfährt und sich wieder entfernt. Nach einer Weile verwandelt sich diese Bewegung in eine leise Veränderung innerhalb des Bildes. Allmählich wird klar, dass die Kamera durch die Äste des Baums fährt, um den Horizont in der Ferne sichtbar zu machen. Der Übergang von Nah- zu Fernsicht scheint nicht den Regeln zu folgen, mit denen sonst der Illusionismus mit Hilfe eines einzigen Fluchtpunkts gemeistert wird und man überlegt sich, ob beim Filmen eine bewegliche Kamera mit einem Zoom benutzt wurde. Tatsächlich ist dieses Video aber auf ganz andere Art entstanden. Rob Johannesma machte in 15 Metern Abstand zwei Dias von derselben Landschaft. Er legte die beiden Dias übereinander auf einen Leuchtkasten, der unter eine Videokamera gelegt wurde, um das Doppelbild zu zoomen. Danach führte er das obere Dia langsam nach rechts über das ruhende untere Dia, bis es schließlich über den Rahmen hinaus verschwindet. Allmählich wird die Ansicht einer sonnenbeschienenen Landschaft erkennbar und bleibt drei Minuten lang eingeblendet, bis die Kamera zum Schluss in den fernen Horizont zoomt.

Die ganze Zeit über blieb der Baum in der linken Bildhälfte ständiger Referenzpunkt. Seine Präsenz ist so eindringlich, dass ich an das klassische Motiv des Repoussoir erinnert werde, das man in der Malerei und im Bühnenbild einsetzt. Dieses Kompositionsmittel, das Tiefe suggeriert und das über die Malerei und über Postkarten auch in die Fotografie Eingang gefunden hat, ist heutzutage so

etabliert, dass es inzwischen jedermann in seinen Urlaubsphotos verwendet – auch wenn er keine Ahnung vom künstlerischen Ursprung dieser Figur hat.

Das Bild eines Baums vor einer entfernten Ebene erinnert an Cézannes Gemälde des Mont Sainte-Victoire vom Bellevue aus gesehen. In einem Gemälde im Courtauld Institut in London rahmt eine Pinie die linke Seite des Bildes, während sich auf der rechten Seite eine offene Ebene bis zum Rand des Bildes ausbreitet. Die Äste dieser Pinie, die gegen den Himmel ragen, verzweigen sich mit den Ästen eines anderen Baums, dessen Stamm in diesem Gemälde nicht sichtbar ist. In einem anderen Gemälde der Mont Sainte-Victoire Serie (in der Philipps Collection in Washington) jedoch, taucht dieser andere Stamm auf und bestimmt die rechte Bildhälfte. Wenn man den Vergleich dieser beiden Gemälde in der Sprache des Films ausdrücken möchte, könnte man sagen, dass der Maler im Londoner Gemälde das Objekt ›herangezoomt‹ hat.

Neben dem Verweis auf das altehrwürdige Kompositionsmittel des Repoussoir, scheint mir ein Cézannezitat im Medium der bewegten Bilder nicht ohne Bedeutung zu sein. Immerhin war es Cézanne, der im Jahr 1880 einen Ausweg aus der Sackgasse des Impressionismus gefunden hatte. Die Impressionisten, die mit ihrer schnellen Malweise durch die Schattierungen von Licht und Farbe den ständig changierenden Wolkenhimmel und die Sonnenstrahlen einfangen wollten, hatten in ihrer Malerei einen Weg gefunden, dem Aufkommen der fotografischen Bildproduktion entgegenzutreten. Dies führte sie zu einem virtuosen Naturalismus, aber auch in die Sackgasse des ›l'art pour l'art‹. Cézanne war einer der ersten, der die Möglichkeiten des statischen Bildes überprüfte, indem er dem Ganzen eine Idee und nicht mehr die zufällige und rationale Wahrnehmung natürlicher Phänomene zugrunde legte. Er hörte auf, mit dem Auge des Maler-Fotografen zu sehen und kehrte stattdessen zur klassischen Malerei zurück, zum Beispiel zu Poussin. Zu dessen ›Begräbnis von Phocion‹ im Louvre, Paris. Die Landschaft in ihrer Abfolge der Bildebenen ist gedacht als Ausdruck ruhiger Resignation, als Metapher des Begräbnisses.

Cézanne hat versucht, das Idealbild der Landschaft mit der impressionistischen Wiedergabe der Natur zu verbinden. Das ist von Grund auf paradox, die Motivation dieser gewissenhaften Forschung kann man nur an den Gemälden selbst ablesen, zu denen sie inspiriert hat. Es kann nicht logisch begründet werden. Kennzeichnend für diese Landschaften ist der Moment, an dem Cézanne das Gemälde für beendet erklärt hat, auch wenn die Leinwand noch nicht vollständig mit Farbe bedeckt war. Für ihn war es vollendet, wenn ihm sein Auge sagte, dass eine Reihe von Antithesen befriedet seien: die Antithese zwischen einer klaren Form und ihrer Verstofflichung in Licht und Farbe, zwischen der Illusion eines lichtdurchfluteten Raums und der physischen Präsenz des Pinselstriches auf der Leinwand, zwischen der malerischen Ordnung und der Ordnung der Landschaft.

So kommt mir beim Betrachten von Rob Johannesmas Videoarbeiten Cézanne in den Sinn, eben gerade wegen dieser Kombination von Landschaftsmotiv und Fotografie. Ein anderer naheliegender Vergleich ist der mit Straub und Huillets Dokumentation Cézanne, die im Jahr 1991 bei Witte de With gezeigt wurde. In ihr werden die Bilder für sehr lange Zeit festgehalten, während man als Hintergrundkommentar einen rekonstruierten Dialog mit dem Künstler hört. Die Betrachter mussten schon guten Willens sein, um länger als 10 Minuten zuzusehen. Rob Johannesmas Video von bewegten Fotos scheinen wirkungsvoller zu sein als die Kombination von stillstehenden Bildern und Worten. Er scheint auszudrücken, was ein Künstler wie Cézanne gesehen haben mag. Oder was ein Künstler immer noch sieht, wenn er vor einer Landschaft sitzt und sein Auge zwischen dem, was er sieht und dem, was er reproduziert, schweifen lässt; wenn er sich gedankenverloren die Zeit nimmt, nur zu schauen, und seinem inneren Drang zu folgen, die Ordnung in der Landschaft, die sich vor seinen Augen entfaltet, zu reflektieren.

Der Zeitfaktor in der Arbeit von Rob Johannesma stimmt mit der Zeit überein, die ich erlebe, wenn ich die tatsächlich sich bewegenden Bilder der Landschaft betrachte. Künstler haben oft erwähnt, dass es möglich ist, ›sich selbst beim Schauen zu sehen‹. Anders als beim Musikhören ist man sich beim Sehen bewusst, dass das Sehen selbst eine Form hat, die unabhängig von dem ist, was man betrachtet. Unser Blick wurde von Künstlern und Fotografen geformt. In der Blüte des Impressionismus zum Beispiel, haben wir auf einmal gemerkt, dass Schatten auch blau sein können. Und wir können Farbe symbolisch erfahren – so wie bei Gauguin.

Die Geste einer Frau, die über den Tod ihres in der Schlacht gefallenen Sohnes trauert, bringt eine Pose eines Bildes von Goya in Erinnerung. Ein Fotograf kann dies erkennen und im Bild einfangen. Für einen kurzen Augenblick scheinen Wirklichkeit, natürliche Gestik und Pose übereinzustimmen und eben dies reichert jedes Foto mit dem künstlerischen Anspruch an, der es auf die erste Seite der Zeitungen manövrieren kann. Was als schön gilt, ist bekannt und wird als solches auch erkannt. Jetzt, wo es möglich ist, Bilder perfekt mit dem Computer zu manipulieren, hat die Fotografie ihre Verlässlichkeit als historisches Dokument eingebüßt. Der Anspruch des ›so war es‹ kann nicht mehr länger aufrechterhalten werden; auch die Fotografie ist zur Täuschung geworden.

Das bedeutet auch, dass die Feststellung von eben, dass wir die Wirklichkeit mit den Augen des Fotografen sehen, einer Revision unterzogen werden muss, es sei denn, wir akzeptieren, dass die Fotografie eine surreale Komponente beinhaltet. Die Beziehung zwischen der Realität, der Repräsentation von Realität und uns, dem Betrachter/Akteur, muss immer wieder neu überdacht werden. Die Frage ist nun: wie wird die Welt nach der Fotografie aussehen? Und schließlich: wie unterscheidet sich die Antwort auf diese Frage von der Antwort Cezannes auf die Frage, die er sich selbst stellte, nämlich, wie eine Welt ohne Fotografie aussähe? Rob Johannesmas Video bringt dieses Problem zum Ausdruck. (ÜE-D:BE)

BERT JANSEN *ist Kunsthistoriker, Autor für Het Financieel Dagblad, Dozent an der Königlichen Kunstakademie Den Haag*

Die MP3-Jukebox ist aus der Idee heraus entstanden, eine Disco für Gäste mit globalem Musikgeschmack anbieten zu wollen. Musik, die hier in Amsterdam gerade aktuell ist, kann in London schon völlig

Glasboxtanz

out sein und umgekehrt. Die MP3-Jukebox soll es den Gästen vorab ermöglichen, auf besondere Art und Weise mit der Disco im Keller des Hotels Kontakt aufzunehmen.

Die MP3-Jukebox funktioniert folgendermaßen: Auf der Website des Hotels *www.brinker.nl* kann man seine Lieblingsmusik uploaden (also dem Hotel schicken), außerdem kann man sich ansehen, welche Musik- in Form von MP3-daten- im Hotel bereits vorhanden ist. Im multifunktionalen Raum des Hotels stehen vier Rechner mit Internetanschluss, auf denen die Jukebox installiert ist; die eigene Musik kann auf die Playlist gesetzt werden und wird dann gespielt. Mit 95 Dezibel verstärkt, hört man die Musik in einer isolierten Glasbox, in der man auch tanzen kann. Auf diese Weise kann sich jeder seine eigene Atmosphäre schaffen.

In naher Zukunft ist vorgesehen, auch das Licht über diese vier Rechner zu steuern. Außerdem wird nach einer Möglichkeit gesucht, den durchschnittlichen Alkoholpegel mit Hilfe einer Eingangskontrolle und per Computerausgabe zu berechnen und auf einer Anzeigetafel wiederzugeben. Um den Besucher so in den multifunktionalen Raum einzuführen, als würde er einen virtuellen Chatroom betreten, entwickeln wir ein System, bei dem die Besucher an der Tür ihren Namen eingeben, woraufhin auf allen Monitoren und TV-Bildschirmen eine Begrüßung erscheint. Hoi Hans Brinker. (ÜNL-D:US)

J.P. MAGIS *ist Ideengeber und Designer des Hotelkellers mit MP3-Jukebox*

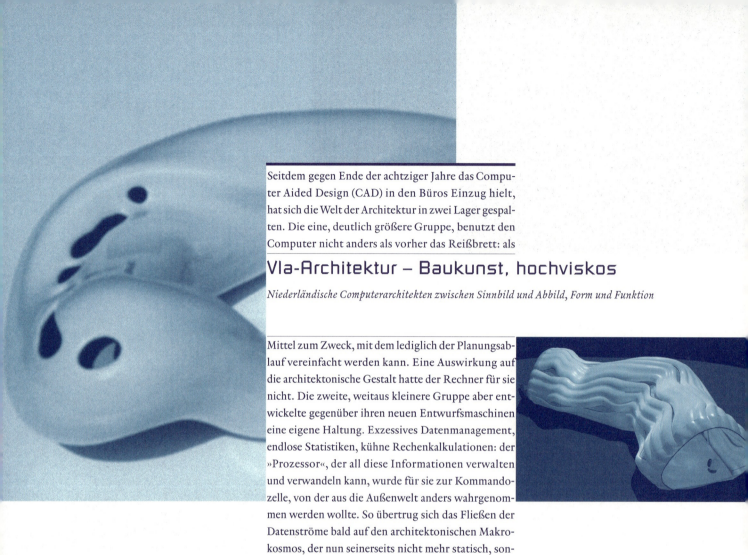

Seitdem gegen Ende der achtziger Jahre das Computer Aided Design (CAD) in den Büros Einzug hielt, hat sich die Welt der Architektur in zwei Lager gespalten. Die eine, deutlich größere Gruppe, benutzt den Computer nicht anders als vorher das Reißbrett: als

Vla-Architektur – Baukunst, hochviskos

Niederländische Computerarchitekten zwischen Sinnbild und Abbild, Form und Funktion

Mittel zum Zweck, mit dem lediglich der Planungsablauf vereinfacht werden kann. Eine Auswirkung auf die architektonische Gestalt hatte der Rechner für sie nicht. Die zweite, weitaus kleinere Gruppe aber entwickelte gegenüber ihren neuen Entwurfsmaschinen eine eigene Haltung. Exzessives Datenmanagement, endlose Statistiken, kühne Rechenkalkulationen: der »Prozessor«, der all diese Informationen verwalten und verwandeln kann, wurde für sie zur Kommandozelle, von der aus die Außenwelt anders wahrgenommen werden wollte. So übertrug sich das Fließen der Datenströme bald auf den architektonischen Makrokosmos, der nun seinerseits nicht mehr statisch, sondern hochgradig wandelbar erschien.

Mitte der neunziger Jahre verließen die ersten Datengebilde die Entwurfscomputer, um vor Ort zu – vorerst leider festen – Häusern zusammengefügt zu werden. Die »Computerarchitektur«, bis dahin als technisch animiertes Cyber-Gespinst abgetan, wurde Realität. Seither besiedeln eigenwillige Bauten die Erde, Konstruktionen, die einen ästhetischen Ausdruck für die digitale Revolution suchen, tektonische Bedingungen sprengen wollen und damit die Vorstellungen von Architektur weit über die Grenzen des Konventionellen hinaus verschieben. Der Kosmos der Computerarchitekten besteht aus gekrümmten Oberflächen, fließenden Linien, skulpturalen Formen, deformierten Materialien, lautstarken Farben und ephemeren Strukturen. Dass sich ihre Protagonisten dabei auf illustre Vorbilder aus der Geschichte der Baukunst berufen konnten, schien das kühne Unterfangen noch einmal zu bestätigen.

In den zwanziger Jahren knetete der Visionär Hermann Finsterlin expressionistische Quallen aus Gips; der nach Amerika emigrierte Entwerfer Friedrich Kiesler entwickelte in den vierziger Jahren eine »Endless House« betitelte Architekturstruktur, die aus einem mäandernden Band entwickelt werden sollte, das fließende Räume umspielt; die niederländische Firma Philips beauftragte Le Corbusier und den in seinem Büro tätigen Komponisten und Architekten Iannis Xenakis mit dem Firmenpavillon auf der Brüsseler Weltausstellung 1957 und erhielt eine Skulptur aus ineinandergreifenden, dreidimensional gekrümmten Hyperbeln und Parabeln; die britische Gruppe »Archigram« entwickelte seit dem Beginn der sechziger Jahre eine Papierarchitektur, in der Häuser zu lebenden Objekten mutierten; 1968 zeichnete der Architekturtheoretiker Reyner Banham ein aufblasbares, nierenförmiges Haus, mit einem einzigen Einrichtungsgegenstand: einer computergesteuerten Servicestation.

Während bei Finsterlin und Kiesler noch die klassisch-moderne Sozialutopie im Vordergrund stand, thematisierten besonders Corbusier/Xenakis und Banham die mediale Veränderung und deren Auswirkung auf das Bauen. An die Stelle der »Mechanisierung«, die sich auf die Konstruktion der Moderne des »Ersten Maschinenzeitalters« ausgewirkt hatte, waren Digitalisierung und Medialisierung getreten, deren Kräfte nun Gestaltung und Form veränderten. Die ersten Ergebnisse der Computerarchitektur lassen sich als radikale Strömung einer »Zweiten Moderne« einordnen, die ihre künstlerischen Mittel reflektiert, vollkommen ahistorisch denkt, grundsätzlich konzeptuell arbeitet, sich neoavantgardistisch geriert und sich einem »Baustil« konsequent verweigert.

Gegen die häufig kolportierte Behauptung, die Computerarchitektur sei der Stil des gentechnischen Zeitalters, der sich in »biomorphen«, naturhaften Gebilden Ausdruck verleiht, wehren sich die Architekten daher heftig. Kein Stil, keine Metapher, keine Bedeutung, nur reine, amorphe, aus den Daten hervorgegangene Formen wollen sie entwerfen – und bauen.

Dabei hatte eines der Initialprojekte der neuen Computerarchitektur geradezu ideale Qualitäten eines Sinnbilds. Lars Spuybroeks »Waterpaviljoen« (Wasserpavillon, 1993-97) auf der kleinen niederländischen Insel Neeltje Jans, das erste realisierte Projekt seines Rotterdamer Büros »NOX«, wurde zwangsläufig im Zusammenhang mit dem Rohstoff gesehen, den die Ausstellung in seinem Inneren thematisiert. Die blasenartige Erscheinung, die spiegelnde Oberfläche, die membranhafte Außenhaut: auch der Entwerfer selbst konnte kaum leugnen, dass seine Konstruktion wie ein in Architektur gegossener Wassertropfen wirkte. Doch es war nicht eine Metapher, sondern eine Analogie, auf die es Spuybroek ankam: »Wir erleben eine extreme Verflüssigung der Welt, der Sprache, unserer Geschlechterrollen, unserer Körper.«, erläutert er seine Überlegungen. »Eine Situation, in der alles medial vermittelt wird, in der jegliche Substanz und jeglicher Raum mit ihrer medialen Repräsentation verbunden werden, in der alle Form mit Information vermischt wird.« Dieses grenzenlose Beziehungsgeflecht wird in einem schleusenartigen Ausstellungsraum umgesetzt, einer edukativen Geisterbahn, in der Sensoren, Installationen und Beleuchtung auf die Bewegungen der Besucher reagieren und ihn mit der inszenierten Architektur-Medien-Landschaft verschmelzen lassen.

Gleichzeitig mit Spuybroeks aufsehenerregendem Erstling verwirklichten auch Kas Oosterhuis und Erick van Egeraat die ersten Computerarchitekturen. Sie lassen sich ebenfalls in Analogie zur Bauaufgabe lesen. Van Egeraats Dachausbau für die »Nationale Nederlanden Hungary Ltd. und ING Bank« in Budapest bildet eine riesige Blase, die sich mit hängendem Bauch in den Altbau einnistet. Die transformierten Datenprozesse und die im Fließen erstarrte Form scheinen den unsteten postkommunistischen Übergangzustand zu bannen, in dessen weitere Entwicklung der Bauherr reichlich Kapital investiert. Oosterhuis wiederum errichtete – nachdem er mit seinem schwarz-monolithischen »Süßwasserpavillon« ein Pendant zu Spuybroeks Ausstellungshaus geschaffen hatte - eine Müllaufbereitungsanlage am Stadtrand von Zenderen, in der das gesammelte Material genauso umgeschichtet wird, wie vorher die Informationen, die zur Errichtung der Halle geführt haben.

Bei aller Sinnfälligkeit der Analogien zeigen die realisierten Computerarchitekturen vor allem eine formale Verwandtschaft: ihren ›tropfenartigen‹ Charakter, der wie von der zähfließenden Masse des verschiedenfarbigen Trinkpuddings Vla inspiriert wirkt. Frühzeitig wurden die Bauten daher mit dem anschaulichen Label »Blob« zu einer Architekturströmung zusammengefaßt, ihre Entwerfer und Bändiger als »Blobmeister« tituliert.

Lars Spuybroek reagierte auf diese Bezeichnung, indem er seine Arbeiten mit einem neuen Namen versah und diesen gleich rechtlich schützen ließ. Im April 2001 stellte er in der Berliner Galerie Aedes den »Flurb©« vor und demonstrierte, dass die digitale Näherung an die Bauaufgabe sehr viel konkreter geworden war als bei den experimentellen Anfängen. Unter dem Titel »beachness« beschäftigte sich Spuybroek bereits 1997 mit dem Entwurf für ein Strandhotel in Noordwijk. Dabei bündelte er im Computer zunächst die angenommenen Bewegungen zukünftiger Gäste und gelangte durch die Auswertung der Statistiken zu einer Art Grundmuster in Form eines organisch-fließenden Arteriensystems. Im zweiten Entwurfsschritt übertrug er dessen Verästelungen auf eine Raumsituation aus gekrümmten Wänden, Decken und Einbauten und fixierte damit die virtuell simulierten Interaktionen mit den Mitteln der Architektur. Dass sich Spuybroeks Methode auch auf den Städtebau beziehen lässt, zeigt der Entwurf einer Siedlung, die auf einem Lärmschutzwall an der Autobahn bei Eindhoven errichtet werden soll. Die charakteristische Schlangenform der Anlage, die sich quer über das Bauterrain räkelt, entstand aus den gemessenen Schallbewegungen des Verkehrs und führte zur Minimierung der Geräuschkulisse in den einzelnen Häusern, die Spuybroek derzeit plant.

Mit diesem Prinzip, das architekturgeschichtlich in den zwanziger Jahren im »organischen Funktionalismus« Hugo Härings und Hans Scharouns seine Entsprechung findet, scheint die selbstreferentielle erste Stufe der Computerarchitektur, die auf Interieurs, exklusive Villen, Ausstellungspavillons und Installationen beschränkt war, in eine zweite Phase zu münden. Die Informationen, die jetzt am Computer verwaltet und prozessiert werden, sind auf ein überschaubareres, an der Bauaufgabe und seinen Bedingungen orientiertes Maß heruntergeschraubt. Diese selbstauferlegte Disziplinierung domestiziert zwar auch die scheinbar unbegrenzten Möglichkeiten des Rechners, liegt jedoch nicht zuletzt an den notwendigen Konzessionen, die das »ununterdrückbare Verlangen« (Spuybroek) zu bauen notwendig macht.

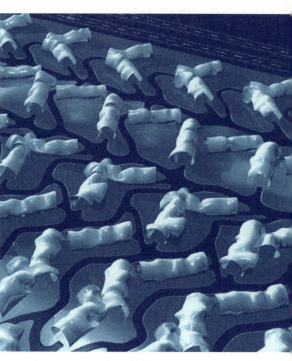

Daher nähert sich die Computerarchitektur deutlich analogen Bedürfnissen an; bislang mit wachsendem Erfolg. Das Utrechter Büro UN Studio (Ben van Berkel und Caroline Bos) wird bis zum Jahr 2005 den Arnheimer Bahnhof komplett neu errichten, ein Großprojekt aus 80.000 Quadratmetern Bürofläche und 11.000 Quadratmetern Einzelhandel. Auch hier resultierte auch die Anordnung des riesigen Bauprogramms aus der Analyse der Bewegungen zukünftiger Nutzer. Im Gegensatz zu Spuybroek und Oosterhuis aber thematisiert der radikalisierte Funktionalismus von UN Studio nicht den Prozess der Datenverarbeitung, sondern interpretiert und organisiert die verarbeiteten Daten. So ist es nicht mehr primär die Form, die durch den Computer ins Fließen gerät, sondern das Planen selbst. Van Berkel und Bos verstehen sich als »Netzwerk von Spezialisten aus den Bereichen Architektur, Stadtplanung und Infrastruktur«, die Entwürfe resultieren aus der Vernetzung von Informationen unterschiedlichster Anwendungsgebiete, die immer wieder neu elektronisch durchgeknetet werden. Dieses von Ben van Berkel als »Deep planning« bezeichnete Verfahren oszilliert zwischen Wissenschaft, Datenverwaltung und Gestaltung, bei der das Endergebnis Architektur fast nur noch dem Umstand geschuldet scheint, dass die Büroleiter letztlich doch Architekten sind. Wie die sogenannte Möbiusvilla im westlich von Amsterdam gelegenen Ort Bussum zeigt, führt das »Deep planning« nicht zwangsläufig zu amorphen Gebilden der »Vla-Architektur«. Das Erschließungssystem im Inneren des freistehenden Einfamilienhauses wurde einem Möbiusband entlehnt, eine der Lieblingsfiguren der Computerarchitekten, die sich aus dem Tagesablauf der Hausbewohner ergab. An das rampenartige Kontinuum, das die Bewegung im Raum durch die Zeit »darstellt«, sind die einzelnen Zimmer als kubische Ausbuchtungen aus Glas und Beton gleichsam angedockt. Allerdings lassen sich solche Fallstudien nicht allein am Beispiel einer Familie abhandeln, sondern auch – wie beim Arnheimer Bahnhof oder der aktuellen Studie für die Neuordnung der gesamten West Side Manhattans – kritiklos auf Kapitalflüsse im großen Stil projizieren.

Auch das Fallbeispiel Deutschland illustriert das Verhältnis von Computerarchitektur und Kapitalismus. Ein namhafter Sportbekleidungshersteller etwa lässt sich den ausgedehnten Firmenpark im bayerischen Herzogenaurach mit einer Reihe kunterbunter »Blob«-Pavillons anreichern, die halböffentliche und private Funktionen aufnehmen sollen. Den weltweit agierenden Konzern scheint besonders die spektakuläre Ästhetik interessiert zu haben, mit dessen medialer Vermarktung treffsicher aktuelle Marktkonzepte kommuniziert werden können: Label, computerdesignte, ergonomische Turnschuhe, animierte Werbespots, Merchandizing und Architektur korrespondieren in einer ganzheitlichen Imagekampagne. Gerade in den hybriden turbokapitalistischen Kunstwelten zeigt sich jene Auflösung klar umrissener Grenzen, die Lars Spuybroek der Gesellschaft bescheinigt, am deutlichsten. So könnte die Computerarchitektur bald zur Chiffre für die Globalisierung werden, derer sich Produkthersteller gerne als »Brand-architecture« bedienen, um einem trendorientierten Zeitgeist zu entsprechen. Wo es indes nicht gleich zur Vereinnahmung kommt, droht sie in eine Architekturnische abzurutschen, in der sich der exzentrische Spieltrieb von Planern und Nutzern trifft. Auf der Bundesgartenschau in Potsdam etwa gestalteten die niederländischen Landschaftsarchitekten B+B Spielterminals in Form von knallroten Computerblasen. Das junge Büro Daf-Architecten durfte Mitte des Jahres 2001 die Gaststätte des Emmener Zoos in ein »Themenrestaurant« verwandeln und entwickelte einen Haifisch-»Blob«.

Gefahr der Kapitalismusaffirmation, Klischees eines missverstandenen Biomorphismus, eine dem Pragmatismus geschuldete Zügelung in der Datenverarbeitung, Degradierung zum zeitgeistigen Design, Formalismusvorwürfe aus der Kollegenschaft – für die Computerarchitektur bedeutet dies, trotz mancher Erfolge, das Ende der Unschuld. Die bisweilen uneingelösten Versprechungen mögen auch an einem selbstverschuldeten Dilemma liegen: zu kraftvoll, zu phantastisch waren die elaborierten Animationen gewesen, die Aura musste sich mit ihrer Umsetzung in Architektur verflüchtigen. Die Pioniere hat das keineswegs verschreckt. Lars Spuybroek bereitet sich auf den Bau seiner Wohnungen an der Autobahn bei Eindhoven vor, dem zweiten großen Prüfstein nach seinem fulminanten Waterpaviljoen. Und Kas Oosterhuis arbeitet gemeinsam mit dem Architekturkritiker Ole Bouman am Pavillon der Provinz Nordholland, der auf der diesjährigen Floriade im Haarlemmermeer zu sehen sein wird. Der Bau, konstruiert aus einem pneumatischen Fachwerk, überzogen mit einer Gummihaut und vollgestopft mit Sensoren, soll sich in Echtzeit wie ein Wurm zusammenziehen und pulsieren können, sich fortbewegen und auf Druck von außen reagieren – ganz so, wie es die Animationen immer versprochen haben.

CHRISTIAN WELZBACHER *ist Kunsthistoriker und arbeitet als Architekturkritiker in Berlin u.a für die Frankfurter Allgemeine Zeitung und die Zeitschrift Archis.*

>>22

Agora Phobia (digitalis) lädt das Publikum in eine semitransparente, aufblasbare Isolationssäule ein. Die Isolationssäule ist mobil und lässt sich wie eine ›zweite Haut‹ tragen. Sie wird auf einem belebten Platz aufgestellt, zum Beispiel vor dem Stedelijk Museum

Agora Phobia (digitalis)*

untersucht Vorstellungen und Darstellungen von (Un)-Sicherheit und Isoliertheit.

Amsterdam oder dem Alexanderplatz Berlin. Ihr Inneres bietet gleichzeitig für einen Computer und einen Besucher Platz. Obwohl der Besucher der Säule die Menschenmenge draußen kaum sieht, kann er ihre physische Nähe spüren. Man fühlt sich im Inneren beschützt wie an einem vertrauten Ort, gleichzeitig fühlt man sich aber auch sehr verletzbar, da man keine Kontrolle über das Geschehen draußen hat. Die Isolationssäule stellt eine Freizone innerhalb des öffentlichen Raums dar, der die Gelegenheit bietet, die Erfahrung von sozialer und psychischer Isolation in einer medialisierten Gesellschaft zu überdenken.

Das Innere der Isolationssäule lädt dazu ein, an einem Internetdialog mit einem anderen Menschen teilzunehmen, der irgendwo auf der Welt in Isolation lebt. Das kann jemand sein, der im Gefängnis oder im Kloster lebt, eine digitale Person, ein Kriegsgefangener, oder jemand, der an Agoraphobie leidet.

Agora Phobia (digitalis) stellt einen isolierten Raum für die Kommunikation zur Verfügung, in dem die Konzepte von innen und außen vertauscht werden. Die Dialoge werden unter anderem auf *www.agora-phobia-digitalis.org* veröffentlicht. Auf der Website kann man von zuhause aus mit einem Monolog teilnehmen. Jeder Dialog findet Eingang in ein Buch, eine Installation, eine Performance.

*Agora Phobia *ist die Angst vor offenen Plätzen; es ist die Angst davor, in öffentlichen Räumen oder Situationen eingeschlossen zu sein und nicht mehr entkommen zu können oder nicht mehr zu einem sicheren Ort zurückkehren zu können.*

Agora Phobia (digitalis) entwickelt sich so zu einem öffentlich zugänglichen Archiv geschriebener Bilder. Gleichzeitig ist dieses Projekt Teil der Traumatour. Hier werden die neuen Medien als soziale Räume begriffen und sowohl die Einbindung als auch Entfremdung untersucht, die diese Orte hervorrufen.
www.nestheaters.nl/Traumatour

Die Medialisierung der Gesellschaft wirkt sich in immer stärkerem Maße auf die soziale Erfahrung aus. Karen Lancel benutzt die Medien und verzerrt sie gleichzeitig. Sie reflektiert die Auswirkung und Anwendung verschiedener Kommunikationsmodi, vergrößert deren Codierung und stellt die Nebenwirkungen und Möglichkeiten zur Diskussion: Direkt. Live. Als aktive Reaktion auf die Tatsache, dass sich durch die zunehmende mediale Infiltration der physische Kontakt mit dem Hier und Jetzt aufzulösen scheint. Die Suche nach der Live-Konfrontation erklärt sich aus Lancels interdisziplinärem Hintergrund: Aufgrund der Perspektive, der Mittel und des Kontextes, den sie wählt, bewegt sie sich auf der Grenze zwischen bildender Kunst und Theater. Die meisten Projekte spielen sich daher an unterschiedlichen Orten ab: im Museum, im Theater und auf öffentlichen Plätzen.

Es gibt ein Thema, ein Konzept, nach dem gearbeitet wird, aber das Ganze kann auch entgleisen. Der Ausgangspunkt wird wie ein Ball angestoßen und man weiß nicht von vornherein, wo er landen wird. Die Beiträge des Publikums bilden die Geschichten, das zeitliche Verhältnis zu den Dingen, die sich abspielen. (...) In den Arbeiten von Lancel werden das Konzept, die Form, die Fragestellung, das Setting und das Timing vom Künstler gesteuert, aber der Rest der Geschichte, die verschiedenen Wege, die gewählt werden, die Assoziationen, die dabei entstehen, die Erfahrungen sind dem Publikum eigen.

JELLICHJE REIJNDERS

EINER DER VIELZÄHLIGEN DIALOGE 03.11.2000, 12.15 UHR: >>IS ist Isolationssäule: Ein anonymer Gast in der Isoliersäule in De Appel, Amsterdam. >>IH ist Isolation Home: Jemand, der 17 Jahre lang im Gefängnis gesessen hat und seit drei Monaten draußen ist, chattet im Büro der Bewährungshilfe.

>>IS Wie würdest Du einen sicheren Ort beschreiben? >>IH Wie meinst Du das? Drinnen, also im Gefängnis, oder draußen, außerhalb der vier Mauern sozusagen? >>IS Gibt es einen sicheren Ort im Gefängnis? >>IH Drinnen ist es überall unsicher.

>>IS Hier im Gefängnis in Haarlem gibt es einen Sportplatz im Freien. >>IH Ja, für Fußball und so. Bei Ballspielen habe ich nie mitgemacht, das ist meistens aggressiv und es endet fast immer in einer Schlägerei. Wenn Dir jemand vor's Schienenbein tritt, dann bist Du doch geneigt, ihm eine runterzuhauen. Also, ich würde schon gerne kämpfen, aber lieber mit einem Stück Eisen, das finde ich klasse, dann weißt Du wenigstens, was Du gerade tust und hast Dich unter Kontrolle. Aber wenn Du Fußball spielst und Du bekommst von jemandem einen Tritt, dann ist ganz schnell was passiert. Du lauerst nur darauf, ihn Dir vorzunehmen, und schon gibt es Prellungen und Knochenbrüche. So ist es immer, es vergeht keine Stunde, ohne dass was passiert. Da habe ich nie mitgemacht, das ist nichts für mich.

>>IS Wie würdest Du Freiheit beschreiben? >>IH Ich glaube nicht, dass Freiheit überhaupt existiert. Frei ist man nur, wenn man tot ist. >>IS Wie meinst Du das? >>IH Man muss sich ständig anpassen. Freiheit bedeutet, dass man auf niemanden Rücksicht zu nehmen braucht. >>IS Sobald ein anderer da ist, ist man nicht mehr frei. >>IH Nein, im Prinzip nicht. Wenn Du aus dem Knast entlassen wirst und in die Stadt gehst, z.B. in die Kalverstraat - die vielen Menschen, das hältst Du nicht mehr aus. Du fängst an zu schwitzen und weißt gar nicht mehr, was los ist. Du hast das Gefühl, dass sich jeder nach Dir umdreht. Das ist nicht wirklich so, aber das Gefühl hast Du trotzdem, denn Du kommst gerade aus dem Knast, Du fühlst Dich isoliert und hast immer den Eindruck, dass die Leute Dich beobachten.

:BEWEGEN LERNEN

>>IS Glaubst Du denn, dass es sichtbar ist, dass andere Menschen es Dir ansehen? >> IH Du musst Deine ganze Körpersprache anpassen. Du hast Dich nie richtig entspannt, auch in Deiner Zelle nicht, weil Du ständig das Gefühl hattest, dass sie durchs Gitter gucken oder mit dem Schlüssel gegen die Tür schlagen. Nie konntest Du wirklich Du selbst sein, jedenfalls nicht richtig. So ist es jetzt immer noch, wenn ich schlafe, schlafe ich nicht wirklich. Wo ich auch hingehe, ich fühle mich ständig in einer Art Rauschzustand.

>>IS Wenn man nicht wirklich schläft, dann ist man auch nicht wirklich wach. >>IH Nein. Du bist immer beschäftigt, als wenn Du unter Wasser bist und die ganze Zeit probierst nach oben zu schwimmen. >>IS Aber so richtig nach oben willst Du auch nicht. >>IH Nein, nicht wirklich. Was erwartet mich schon, wenn ich nach oben komme? Man kann es einfach nicht wissen. Also, wirklich entspannen – ich will es schon, aber ich kann es nicht. >>IS Nein, Du traust Dich einfach nicht, ganz entspannt zu sein. >>IH Nein, denn ich weiß ja nicht, was mich erwartet, wenn ich mich entspanne. >>IS Nein, und darum musst Du ständig auf der Hut sein.

ARJEN MULDER/MAAIKE POST: WIE UND WANN BIST DU MIT COMPUTERNETZWERKEN IN BERÜHRUNG GEKOMMEN? Gert Lovink: Das war im August 1989 auf der Galactic Hacker Party im Paradiso, einem großen, internationalen Treffen von Computerhackern. Dort habe ich zum ersten Mal etwas vom Internet, von Bulletin Board Systems (BBS) und all den anderen Dingen, die später eine entscheidende Rolle in der Diskussion über Computernetzwerke spielen sollten, gehört. Themen wie: Wer hat Zugang zum Internet, Kryptografie, Privacy, Netzwerkarchitektur, die Philosophie dezentraler Netzwerke, und, im Rückblick auf die siebziger und achtziger Jahre, die frühe Definition des Begriffs »Hacker«, wie sie in Steven Levys Hackers auftaucht: Heroes of

»Networking is not working«

Interview zwischen Arjen Mulder/Maaike Post und Geert Lovink

the Computer Revolution. Die ersten Hacker haben vor allem für den Zugang zu Netzwerken gekämpft, das war am Anfang noch illegal. Die Möglichkeit, über HTML-Seiten und Hyperlinks von einem Server zum anderen zu wechseln, gab es noch nicht.
Wenn man von einem Server zum anderen wollte, musste man sich mit einem Login und einem Passwort neu einloggen. Es war allerdings schon möglich, viel downzuloaden und zu FTPen, d. h. kopierte Dateien zwischen einem PC und einem Server auszutauschen, was damals die wichtigste Beschäftigung war. In Hackerkreisen wurde vor allem über den Austausch von Software diskutiert, nicht so sehr über den Austausch von Informationen. Das entspricht immer noch der Kittlerschen, technologisch deterministischen Definition: Internet = Austausch von Dateien. Ein

Netzwerk besteht aus Computern, die miteinander kommunizieren, Menschen haben damit nichts zu tun. Deren Kommunikation, E-Mail und Chat, ist demzufolge höchstens ein Abfallprodukt des Systems. Trotzdem, wenn man die Leute fragt, was das Internet für sie bedeutet, dann nennen sie zwei Dinge: Versorgung mit Informationen und Kommunikation. Diese zwei Welten, die »Wahrheit« der Technik und die tägliche Erfahrung der Benutzer, haben sich immer weiter voneinander entfernt und treffen sich nur noch selten.

DENNOCH WURDEN HACKER VON ANFANG AN ALS SOZIALE AKTIVISTEN ANGESEHEN: Ja, aber das ist eine spezielle Sorte. Die meisten sind anarchistisch und ganz und gar nicht engagiert. Eine andere Fraktion entwickelte sich aus der alternativen Kultur der West Coast, wo die meisten Hacker herkamen, eine Kultur, die zu Beginn des Vietnam-Krieges und später von anderen alternativen Bewegungen geprägt wurde. Ende der sechziger Jahre gab es in Kalifornien eine kleine Gruppe von Leuten, die schon sehr früh auf die Idee kamen, dass Computernetzwerke beim Aufbau sozialer Netzwerke außerhalb der geschlossenen Welt der Massenmedien eine entscheidende Rolle spielen würden, um einen alternativen Informationskanal zwischen einzelnen Menschen, Gruppen und Bewegungen zu bilden. Direkt und dezentral, unter Ausschluss der vermittelnden Rolle der Medien.

In Europa ist das Internet sehr lange akademisch geblieben, hier kannte man diesen alternativen Kontext nicht. Die Geschichte der Computernetzwerke in Europa ist anders verlaufen, sie begann erst Mitte der achtziger Jahre mit der Verbreitung der Bulletin Boards. Einerseits bestand das Ziel darin, den Benutzern größtmöglichen Komfort zu bieten und ihnen möglichst viele Freiheiten zu lassen, auf der anderen Seite wurde ein Teil des Systems dazu benutzt, über lokale politische Angelegenheiten und andere Dinge zu diskutieren. Bis auf den heutigen Tag existiert eine rege BBS-Kultur, in Japan und Taiwan beispielsweise, wo man dem Internet misstraut, in Deutschland ebenfalls. Die BBS-Interfaces sehen mittlerweile sehr gut aus, E-Mail ist jetzt auch immer dabei, vermutlich hat BBS noch eine große Zukunft. Das Internet ist so unsicher geworden, dass die Chancen gut stehen, dass es parallele Netzwerke geben wird.

WIE WAR DEINE EINSTELLUNG IN BEZUG AUF NETZWERKE AM ANFANG? HAST DU DIE BEDEUTUNG ERKANNT ODER WAS WAR FÜR DICH »UNDERGROUND«? Das schönste Vorurteil wird George Soros zugeschrieben: »Networking is not working.« Die Menschen, die keine Lust haben zu arbeiten, machen eben Netzwerke. Mit ein paar Leuten an irgendetwas rumbasteln, was sowieso niemanden interessiert. In dieser Zeit war der Computer, soziokulturell betrachtet, ein echtes Männer-Hobby. Am Anfang habe ich die Bulletin Boards als etwas Besonderes angesehen, neben lokalen TV-Ausstrahlungen über Kabel in Amsterdam und Piratenradiosendern wie z.B. Patapoe, an dem ich beteiligt war. Internet oder BBS hatte das Potential, viele verschiedene Plattformen – Radio, TV, Bücher, Zeit-

schriften – zusammen zu bringen, und daraus entstand die Motivation vieler Künstler, Aktivisten und Hacker. Es wurde auch viel herumexperimentiert und spekuliert, im Jahre 1994 gab es im Fernsehen schon einen Chat für Zuschauer. Das war ein revolutionäres Konzept und wurde mit primitivsten Mitteln realisiert, der Amiga spielte eine große Rolle dabei. Im Gegensatz zu den lokalen und nationalen BBS-Netzwerken war die internationale Komponente im Internet eine echte Bereicherung.

Meine Definition des Networking besteht darin, dass man in der Lage ist, seinen eigenen, parallelen (internationalen) Kontext zu kreieren, einen Kontext, den es in der Form noch nicht gibt. Das ist eine Art Rettungsleine für viele Menschen, die dadurch motiviert werden, ihre Arbeit im Netz weiter zu entwickeln. Der Kontext ist nicht das Ziel, aber der Anfangspunkt. Im Grunde hat ein Netzwerk kein anderes Ziel als die eigene Auflösung, aber die wird es weder morgen noch übermorgen geben. Es geht um so weit reichende, langwierige Transformationen, dass man nicht sagen kann, ob das Internet morgen wieder erledigt sein wird oder sich einfach so weiterentwickelt. Mit Sicherheit wird es in gigantischer Bewegung bleiben.

Die Ausbreitung von Bulletin Board Systems, in denen sich Künstler, Aktivisten und Hacker trafen, war eine Folge der problematischen Informationsvermittlung zwischen Leuten, die mit Medien arbeiteten; am Anfang benutzten sie Telefon, Fax und Briefe, später Computer – von low-tech-Installationen bis hin zu high-tech-Videos. Ihre Arbeit ist nicht wirklich bezahlbar, nicht physisch und nicht ortsgebunden. Ihre Ideen, Konzepte, Tapes und Installationen hatten den natürlichen Drang, auf Reisen zu gehen, das waren eben virtuelle Arbeiten. Ende der achtziger Jahre war abzusehen, dass die Technik es ermöglichen würde, die Daten auf die Reise zu schicken, das Problem bestand allerdings im Zugang und in der Kapazität. Nichts lag daher näher, als eigene Netzwerke zu bilden. Für die kulturelle Verbindung vieler dieser Netzwerke, die sich mit den neuen Medien beschäftigten, war die Wetware Convention 1991 in Amsterdam ein wichtiges Ereignis. Die kulturell orientierten Netzwerke, die letztlich nur noch auf dem Internet basieren würden, waren dort schon im Ansatz erkennbar, auch das gute Verhältnis zu Ost-Europa und deren humorvoll-zynischer Blick auf die Dinge. Irgendwann zwischen 1993 und 1995 sind diese Netzwerke dann auch tatsächlich Online gegangen. Übrigens, die Netzwerke, über die ich hier rede, entwickelten sich aus den Mailinglisten – es gibt natürlich auch andere Netzwerke.

IST ES NICHT EIGENARTIG, DASS DIE FASZINATION FÜR DIE VERNETZUNG SICH AUF EINER GANZ ANDEREN EBENE ABSPIELT ALS DIE FÜR DEN INHALT? VON NETZWERKEN ERWARTET MAN ALLES MÖGLICHE, ABER WENIG VON DEN INHALTEN. Nein, weil die Inhalte zur Privatsphäre zu gehören scheinen, auch, wenn sie veröffentlicht werden. Das hat damit zu tun, dass Netzwerke in erster Linie soziale Strukturen sind, »Communities«, und sobald man ein Teil davon ist, ist das auch verbindlich. Informationen dagegen sind unverbindlich, zweite Garnitur, uninteressant, weil passiv. Praktisch, wenn man etwas sucht, aber viel mehr auch nicht, das ist das Tragische am Content. Es ist etwas Flüchtiges, niemand bezahlt dafür, sogar dann nicht, wenn die Qualität auf dem allerhöchsten Niveau ist. Das ist ein krasser Gegensatz zu Software, Design und Online-Services, in diesen Bereichen kann man mit etwas Glück für nichts viel Geld kassieren.

TROTZDEM ORGANISIEREN SICH NETZWERKE UM BESTIMMTE THEMEN HERUM. Vom sozialen Standpunkt aus betrachtet, organisieren sich Netzwerke tatsächlich themenbezogen. Klar, wenn es nur um irgendwelchen Unsinn geht, bleibt man natürlich nicht lange. Innerhalb eines Netzwerkes gibt es eine austarierte Mischung aus Information, Plauderei und Debatte. Ein Netzwerk besteht nie ausschließlich aus nützlicher Information. Einige Leute erwarten das und verschwinden dann sofort wieder, die begreifen nicht, dass man an einer permanenten Konversation teilnimmt. Wenn man es zu einem Zeitpunkt nicht mehr interessant findet, wartet man ab und steigt am nächsten Tag wieder ein, wie beim Fernsehen, beim Wetter oder den Sternen. Die sind ja auch nicht immer dieselben, manchmal lässt man sich von ihnen leiten, ein anderes Mal jedoch nicht.

Ein Netzwerk kennt eine Menge verschiedener Stadien. In der ersten Phase muss man die kritische Masse, meistens fünfzig bis hundert Menschen, zusammenbringen. Wenn die Konversation und der Informationsaustausch sinnvoll sein soll, dann muss es ein ausgewogenes Verhältnis von Teilnehmern geben, d.h.

eine Hälfte kennt sich untereinander, die andere besteht aus Unbekannten. Außerdem muss es eine reelle Basis geben, die Leute müssen einen klar erkennbaren, wenn auch minimalen gemeinsamen Nenner haben, ein verbindendes Interesse oder eine ähnliche Identität. Bei der Idee von »Nettime« geht es um die gemeinsame Deutung einer kritischen, vielfältigen »new media culture« und zwar aus der Sicht verschiedener Disziplinen, Vorstellungen und von verschiedenen Orten aus. Die kritische Masse muss imstande sein, dem Netzwerk einen Mehrwert zu bieten, es muss einen Grund geben, warum man seine Zeit für dieses Netzwerk aufwenden möchte. Die Menschen müssen es im Alltag benutzen können, sonst wird daraus ein unverbindlicher »herrschaftsfreier Dialog«. Das ist das Problem von »Bürgernetzwerken«, wo man Gefahr läuft, dass jeder über alles seine Meinung loswerden will. Der reine Meinungsaustausch in einem Netzwerk ist eine stinklangweilige Angelegenheit. Die Leute schreiben ein oder zwei Sätze im Sinne von: »Da bin ich aber anderer Meinung.« Das ist doch der Gipfel der Eintönigkeit. Natürlich bin ich anderer Meinung!

Man hört oft, dass bei der kritischen Masse das Verhältnis zwischen Leuten, die zusehen und denen, die etwas zu sagen haben, stimmen muss. Mich stört es nicht, dass eine große Anzahl von Menschen nur »Lurker« sind, sich also passiv verhalten. Es gibt Boards, bei denen das kritisiert wird, die mit Nachdruck Wert darauf legen, dass sich die Leute beteiligen. Bei »Nettime« habe ich mich für andere Teilnahmebedingungen eingesetzt, um nicht nur Leute aus einem elitären amerikanischen Zirkel und ein paar westeuropäischen Städten einzubeziehen, sondern auch Menschen aus anderen Teilen der Welt, z. B. Ost- und Südeuropa, Asien und Südamerika. Nicht um unbedingt größer werden zu wollen, sondern aus Neugier. Dabei stößt man auf ein typisch europäisches Problem: die Sprache. Es dauert nicht mehr allzu lange, dann reduziert sich der Anteil der Amerikaner im Internet auf die Hälfte, im Moment ist Englisch noch die gebräuchlichste Sprache im Net, gefolgt von Spanisch und Mandarin. Aber die globale Einheitskultur ist nun mal dominant, da sollten wir uns nichts vormachen. Könnte es ein radikal anderes Internet geben, aus einer anderen Kultur stammend, dem Islam beispielsweise? Und könnten solche Beiträge nicht über unsere eigenen hinauswachsen?

Nach der Phase des Zusammenbringens der kritischen Masse kommt die der Konsolidierung und des Wachstums. Auf der einen Seite bilden sich bestimmte Muster im Netzwerk, auf der anderen Seite tauchen auch immer wieder neue Namen auf. Die magische Grenze liegt erfahrungsgemäß bei ungefähr fünfhundert Teilnehmern, darüber hinaus artet es in Schwätzerei aus. Wie das genau vor sich geht, das kann man in dem Buch »Bolo Bolo von P.M.« nachlesen. Eine der wichtigsten Dinge in einem sich vergrößernden Netzwerk ist die Art und Weise der Moderation. Wenn jemand Unsinn schreibt, wer soll dann darauf reagieren? Man kann einen Moderator bestimmen, um die richtige Balance zwischen Geschwätz und Information zu finden, aber die Frage ist natürlich, ab welchem Zeitpunkt die Moderation einer Zensur gleichkommt. Es gibt sehr strenge Netzwerke, die ausschließlich sinnvolle Informationen dulden, das sind im eigentlichen Sinne eher Rundbriefe, denn man kann nicht aktiv daran teilnehmen. Netzwerken ist eine gewisse Lockerheit immanent, und es sollte auch mal die Möglichkeit bestehen, dass sich die Leute Offline kennen lernen. In der Phase, in der sich die um 1995 gegründeten Netzwerke im Augenblick befinden, arbeiten die Teilnehmer eher direkt miteinander, als dass sie »network« betreiben. Sie befinden sich, z. B. fällt auch V2 darunter, eindeutig in der Phase der Konsolidierung.

WIE SCHÄTZT DU DIE BEDEUTUNG VON AKTIVISTEN UND KÜNSTLERN BEI DER ENTWICKLUNG DES INTERNET UND MÖGLICHEN NACHFOLGERN EIN? Gering, aber darum geht es auch gar nicht. Einer der wichtigen Aspekte der europäischen Sichtweise auf das Internet und andere Computernetzwerke ist der, dass nicht jeder damit einverstanden ist, dass der Sozial- oder Wohlfahrtsstaat ohne weiteres vor einer wie auch immer gearteten Globalisierung kapituliert. Der Staat hat eine stimulierende und konstituierende Rolle bei der Entwicklung des Internet und der neuen Medienkultur gespielt. Wer finanziert denn ein Projekt wie V2? Das ist der Staat, nicht etwa Philips oder KPN. Es ist von großer Bedeutung, dass auch Menschen, die nicht unbedingt Geld verdienen wollen, die Möglichkeit haben, diese Technologie zu nutzen. Nicht jeder will eine eigene Firma gründen, und dabei spreche ich immerhin von der Mehrheit der Bevölkerung. Die Mehrheit darf man nicht auf diesen einen Aspekt reduzieren: Konsument zu sein. Die Rolle der Künstler (und anderer) sehe ich darin, dass sie auf dem Gebiet der Software und Schnittstellen phantasievolle Möglichkeiten schaffen, um eine Teilnahme großer Bevölkerungsgruppen zu erreichen.

In Europa hält man an der Vorstellung fest, dass noch andere Netzwerkarchitekturen sowohl denkbar als auch realisierbar sind. Ob das in Zukunft tatsächlich umgesetzt wird, ist eine andere Frage. Das wäre ja nicht das erste Mal, dass in Europa etwas an mangelnder Durchsetzung scheitert. Eine andere Möglichkeit besteht in »Open-Source«, d. h., dass man prinzipiell zwar Geld mit der eigenen Arbeit verdienen darf, aber die Tools und Plattformen für jeden frei zugänglich sind. Software wird als Wissen verstanden, das man mit anderen teilt. Linux beispielsweise basiert auf diesem Prinzip, aber es wird auch auf kulturellem Gebiet immer populärer. Europa hat in dieser Beziehung allerdings Nachholbedarf, mit der Konsequenz, dass die Definitionen, nach denen sich Software und Schnittstellen richten, nicht hier bestimmt werden. Eine zusätzliche Gefahr besteht darin, aus allem ein Museum machen zu wollen, denn sobald etwas zur Kunst erklärt wird, ist es tot. Was wir mit den Mailinglisten bei »Nettime« wollen, ist einen Ort zu schaffen, an dem sich Menschen mit verschiedenen Ideen über Interfaces, Steuerungssysteme und Netzwerkarchitekturen austauschen können, auch wenn diese Diskussion im Laufe der Jahre eine immer stärkere Betonung der ökonomischen Komponente aufweist. Im Moment geht es um Fragen wie: Muss jedes künstlerische Projekt gleich kommerziell werden? Kann man nicht nach Feierabend einfach das machen, wozu man immer schon Lust hatte? Es bleibt die Frage, welche Rolle die elektronische Kunst bei diesen Entwicklungen spielen kann. Manchmal meint man einen gewissen Einfluss zu spüren, wenn, wie z. B. in Frankreich, plötzlich eine andere Netzwerkkultur zu entstehen scheint. Aber im Grunde bin ich der Auffassung, dass der Beitrag von Künstlern und Aktivisten minimal ist. Sie bleiben marginale Gestalten mit einem problematischen Verhältnis zur IT-Welt. Realistisch betrachtet sind »wir« nur zu Besuch in der Welt der Programmierer und Ingenieure, die sich, unter der Leitung von Geschäftsleuten, mit völlig anderen Dingen beschäftigen. Heutzutage sind es Telefongesellschaften wie Nortel, die uns in ihrer Werbung die Frage stellen: »What do you want the Internet to be?« Diese Frage hätte viel eindringlicher von ganz anderer Seite kommen müssen. Wir? Kann von einem »Wir« überhaupt noch die Rede sein und hat es das jemals gegeben? Ist das Internet der richtige Platz für strategisches Handeln oder will jeder nur für sich sein? Das ist eine typische Netzwerk-Frage. (ÜNL-D:US)

Doors of Perception

DOORS OF PERCEPTION IN ZAHLEN>> Doors of Perception 6 fand am 11., 12. und 13. November 2000 in Amsterdam am RAI statt. 1232 Personen aus 27 Ländern schrieben sich ein, um 33 Vorträge zum Thema Lightness zu hören. Die Teilnehmer tagten auch 18 Stunden lang in einem 300 qm großen Club, der eigens für dieses Ereignis von Lynne Leegte entworfen wurde; sie aßen 8000 Sandwiches, tranken 16000 Tassen Kaffee, besuchten 30 Stände der E-Kultur Messe, gaben 25000 Euros am Doors/V2 Buchladen aus, besuchten 20 Museen bei Nacht, feierten bis 4.00 Uhr morgens im Arena Hotel, beurteilten die Veranstaltung auf 102 Papers und besprachen das Geschehen auf der Website von Doors, wo 89000 Wörter veröffentlicht wurden. Doors 6 wurde von einem Team aus 8 Leuten geplant, plus circa 100 Leuten, die für 24 Subunternehmer arbeiteten, 40 Freiwilligen aus drei Ländern, 60 RAI Mitarbeitern und 30 Studenten von der HKU, die eine live Webcast produzierten, die von 4300 Leuten gesehen wurde.

FÜR 1001 PROFESSOREN – LEBEN IM LEHRBETRIEB>> Wie werden wir in Zukunft lernen, wenn sich das Wissen ständig verändert? Werden Lehrer noch eine Funktion haben, wenn Schüler sich selbst unterrichten können? Mit diesen Fragen beschäftigten sich 1000 Hochschullehrer in Oro/Oro: TeachersLab, einer einmaligen Veranstaltung, die im Januar 2001 von der Hogeschool von Amsterdam (Amsterdamer Universität für Berufsbildung) ins Leben gerufen wurde. Doors of Perception organisierte die dreitägige Konferenz, die 36 Redner aus Bildungs- und anderen Bereichen vorstellte. Oro/Oro hatte eine einfache Struktur: Information plus Inspiration am Morgen, praktische Übung am Nachmittag – die Software wurde von unseren Partnern in Oro/Oro, Mediamatic entwickelt. Das Thema des ersten Tags war »Suchen und Finden«; am zweiten Tag ging es um »Editieren und Interagieren«; Tag 3 konzentrierte sich auf »Lehren und Verdienen«.

WAS WIR FÜR UNSEREN KUNDEN GETAN HABEN>> Entwicklung von Konzept und Struktur der Konferenz (Planungsphase) Themenrecherche – innerhalb und außerhalb des Erziehungsbereichs >> Suche nach Geschichten – und nach Rednern, um sie erzählen zu lassen >> Auswahl von Büchern, Projekten und Websites, um darüber zu schreiben >> Koordination eines Autoren- und Lektorenteams, das diese Aufgabe übernimmt >> Absprache von Struktur, Bildmaterial und Vortragsweise der Präsentationen mit den Rednern >> Koordination der Produktion; Beauftragung von Subunternehmern >> Kontaktieren der ausländischen Presse >> Organisation und Editieren des Veranstaltungsprotokolls

Bild, Raum und zeitliche Kontinuität erfahren in den Filmen von Jeroen de Rijke und Willem de Rooij eine essentielle Verdichtung, bei der das Medium auf seine Grundkoordinaten zurückgeführt wird. Dieser reduktionistische Umgang rückt das Filmbild in den

Junks

von De Rijke/De Rooij

Bereich des Pikturalen und untersucht die Differenz verschiedener Repräsentationssysteme. Die visuelle Diskrepanz zwischen Sujet und Repräsentation, die bei der Suche nach formalästhetisch überzeugenden filmischen Einstellungen entstehen kann, wird dabei als produktives Missverhältnis inszeniert, das die Frage nach der Angemessenheit der Darstellung an den Betrachter delegiert.

Das 20-minütige Videoloop Junks zeigt junge Männer, die in einer Reihe stehen und direkt in die Kamera blicken. Sie bemühen sich, ruhig zu bleiben, sind aber offensichtlich nervös. Rijke/De Rooij haben in einem Amsterdamer Rotlichtviertel Drogenabhängige angesprochen und sie für die Gegenleistung von einem Bier drei bis fünf Minuten lang gefilmt. Auf diese Weise sind sechs Portraits von Junkies entstanden, sechs Männer, darunter ein Transvestit, Immigranten und Holländer. Jeder von Ihnen erhielt die Anweisung, möglichst still zu stehen und konzentriert in die Kamera zu blicken. Das Ergebnis dieser physischen und psychischen Anstrengung variiert: einer der Gefilmten schläft ein, ein anderer blickt intensiv in die Kamera, einer läuft davon. Die Frontalansicht der Aufnahme und die starre Kamera wirken sezierend und ästhetisierend zugleich. Einerseits stehen die Junkies buchstäblich mit dem Rücken vor einer Wand, andererseits bildet sich, wenn Licht und Schatten über ihre Gesichter streifen, ein malerischer Effekt, der das Pikturale unterstreicht.

Dies steht im Widerspruch zur sozialen Realität der Dargestellten, bindet deren Repräsentation aber ein in den Kontext klassischer Ikonographie. Die Gefilmten sind körperlich von Drogen gezeichnet. Es sind Menschen, die man, wenn man sie auf der Straße trifft, nicht direkt anblickt und von denen man auch nicht angeblickt werden möchte.

Junks inszeniert in diesem Sinne eine unbequeme Sicht, denn die statische Kamera mit ihrer monokularen Optik reproduziert weniger die Realität als den Blick des Subjekts. Wir sind es, die die Junkies fokussieren und in den Repräsentationsrahmen der Kamera zwingen. Sie selbst personifizieren in jeder Hinsicht das radikal Andere, das Ausgegrenzte, Abgelehnte, das die individuelle Identität im Schnittpunkt sozialer Machtverhältnisse stabilisiert.

Die aus dem Off zu hörenden Anweisungen, still zu stehen und nicht zu reden, lassen die Inszenierung als sinnlose Übung erscheinen, die allein dazu dient, von der Kamera festgehalten zu werden. Das Objekt des Blicks ist ein Niemand, den zu studieren den privilegierten Betrachter nur in seiner Alterität bestätigt. Wir erfahren nichts über die Junkies, Ihre Empfindungen oder warum sie mitmachen bei diesem perversen Spiel. Sie stehen einfach nur da, sehen uns an und verfügen in einer Revision der apparativen Ordnung der Kamera plötzlich selbst über das Privileg des Blicks.

Vanessa Joan Müller

Technik und Medien spielen in unserer heutigen Gesellschaft eine immer größere Rolle. Kommunikation, Produktion, Handel, städtische Kultur und medizinische Versorgung verändern sich aufgrund der gleichen technischen Entwicklungen, die auch die

V2_ Organisation
Institut für Instabile Medien
Ein interdisziplinäres Zentrum der Kunst und Medientechnologie in Rotterdam

Kunst reformieren. Kunst, die sich mit elektronischen, vor allem digitalen oder instabilen Medien beschäftigt, erforscht somit den Sinn, die Eigenarten und Grenzen dieser Medien. Instabilität ist eine schöpferische Kraft, die für die fortwährende Reorganisation der soziokulturellen, politischen und ökonomischen Verhältnisse innerhalb unserer Gesellschaft von essentieller Bedeutung ist, die aber ebenso als chaotischer Faktor verstanden werden kann, der imstande ist, bestehende Strukturen aufzulösen. Anstatt uns eine ordentliche, homogene Welt vor Augen zu führen, stellen instabile Medien eine Welt dar, die widersprüchlich, heterogen und vergänglich ist.

Die Organisation V2_ wurde 1981 in 's-Hertogenbosch von einer Gruppe Multimediakünstlern gegründet. Seit 1987 konzentriert sich V2_ auf die Präsentation internationaler Entwicklungen auf dem Gebiet der Maschinenkunst und der elektronischen (Medien-) Kunst. 1994 hat V2_ die jetzigen Räumlichkeiten im Zentrum Rotterdams bezogen und seitdem hat sich der Interessenbereich auch auf Kunst in elektronischen Netzwerken und das Word Wide Web ausgedehnt.

V2_ interessiert sich für die Kombination von und die Beziehungen zwischen verschiedenen Medien und verschiedenen künstlerischen und wissenschaftlichen Fachgebieten. Kontinuierlich wird das Verhältnis zwischen Kunst, Technologie, Medien und Gesellschaft untersucht, indem Künstler, Wissenschaftler, Vertreter gesellschaftlicher Gruppen und kommerzieller Betriebe zusammengebracht und die Kontakte zwischen diesen verschiedenen Instanzen hergestellt werden. In den vergangenen 15 Jahren hat V2_ auf diese Weise einen weiterführenden Dialog innerhalb eines breitgefächerten Netzwerkes von Kontakten ins Rollen gebracht, der für die Entwicklun spezifischer Kunstprojekte genutzt wird.

V2_ bietet einen kritischen Blick auf die futuristischen Versprechungen, mit denen die neuen Medientechnologien einhergehen, und dient als Diskussionsforum zu Themen wie Produktion, Distribution und Präsentation instabiler Medien.

Die Organisation V2_ wurde in den nationalen Kunstetat miteinbezogen, was auch strukturelle Unterstützung durch das Ministerium für Bildung, Kultur und Wissenschaft bedeutet. Ebenso erhält V2_ von der Gemeinde Rotterdam finanzielle und von mehreren Firmen materielle Unterstützung.

V2_LAB >> aRt&D - Kunst, Forschung und Entwicklung im V2_Lab, dem Internationalen Laboratorium für instabile Medien in Rotterdam. **V2_STORE** >> Der V2_Store hat Audio-, Bild- und Textproduktionen gegenwärtiger Medienkultur in seinem Sortiment, sowohl vor Ort als auch online. **V2_WEB** >> Die

:BEWEGEN LERNEN

Website von V2_ ist eine reichhaltige und dynamische Informationsquelle zu Themen wie Kunst, Technologie und Gesellschaft.

V2_EVENTS >> V2_Events bietet zeitgenössische Medienkunst und -kultur in Form von Ausstellungen, Lesungen, Präsentationen und Performances. DEAF steht für Dutch Electronic Art Festival und ist ein internationales und interdisziplinäres Festival, das alle zwei Jahre in Rotterdam stattfindet und von V2_ organisiert wird.

V2_BOOKS >> V2_ bringt regelmäßig Bücher, Kataloge und CDs heraus, die die eigenen Aktivitäten und Forschungsprojekte dokumentieren, ergänzen und in einen Kontext stellen.

V2_NETWORK >> V2_ unterhält ein weit verzweigtes internationales Netzwerk, an dem Künstler, Theoretiker und Wissenschaftler aus dem Umfeld der elektronischen Kunst und Medien, Wissenschaft und Technologie beteiligt sind, und arbeitet eng mit ähnlichen Institutionen im Bereich der Medienkunst zusammen. V2_ beteiligt sich aktiv an verschiedenen örtlichen, nationalen und internationalen Netzwerkinitiativen, die Foren für den Austausch und die Zusammenarbeit auf dem Gebiet der Medienkunst zur Verfügung stellen.
(ÜNL-D:US)

Steim und das Touchfestival

Auf Tuchfühlung mit gestischer Aktion Viele setzen den künstlerischen Gebrauch digitaler Medien mit der Benutzung von Bildschirmtechnologien gleich, da diese Medien als Erweiterung der Kunstformen gelten, die in der Auseinandersetzung mit dem visuellen Display ihren Ursprung haben. Für zahlreiche Video- und Installationskünstler ist Computergrafik die konsequente Erweiterung ihrer Palette. Für andere stellen die im Musiksektor entwickelten elektronischen Instrumente – analoge und digitale – den entscheidenden Präzedenzfall und die treibende Kraft für heutige Medienkünstler dar. Vor kurzem hat die weit verbreitete Einstellung von Motion-Capture Systemen und von computergesteuerten Instrumenten für die Choreographie, mit denen sowohl virtuelle Figuren als auch lebende Künstler gesteuert werden können, in der Tanzszene eine dritte Gruppe passionierter Technologiekonsumenten entstehen lassen. Künstler, Musiker und Tänzer experimentieren jedoch oft autark, wodurch sie sich zwar die Schmach der Kritik ersparen, sich dadurch jedoch auch wertvolles Feedback vorenthalten. Eine Forschung, die sich allein auf ein bestimmtes Gebiet konzentriert, ist ganz klar eine Voraussetzung für eigenständige Leistungen auf diesem Gebiet – die Aktiven der Neuen Medien aber, mit ihren bahnbrechenden Entwicklungen hervorragender Geräte und außergewöhnlicher künstlerischer Ausdrucksmöglichkeiten können vom gegenseitigen Austausch profitieren.

Die hochtrabende Multimedia-Rhetorik von heute beschönigt die Aufsplitterung künstlerischer Gebiete; auch fehlt ihr jeglicher Bezug zu den alten, vordigitalen Kunstpraktiken. Die alte Debatte, die rivalisierende Künste ihrer Synthese im Gesamtkunstwerk entgegensetzt, hat der modischen Debatte über das, was theoretisch – aber nicht wirklich – mit digitalen Mitteln möglich ist, Platz gemacht. Trotzdem, Cyber-Synthetiker vertreten die Überzeugung, dass sich Computerdaten ungeachtet physischer Grenzen theoretisch über jedweden Sinneskanal übertragen lassen können. Umgekehrt werden Empiriker, die mit der Betonung der technischen und psychophysiologischen Möglichkeit versuchen, das Gleichgewicht wiederherzustellen, indem sie sich auf die bisherige Erfahrung mit digitalen Gesetzmäßigkeiten konzentrieren, als Zauderer des Cyberspace bezichtigt. Wenn kommende Technologien zu effektiven Mitteln künstlerischen Ausdrucks werden sollen, muss ein Weg aus dieser Sackgasse gefunden werden. Man muss die Verbindung zum gesamten Spektrum künstlerischer Tätigkeiten, die unsere kulturelle Vielfalt ausmachen, wiederherstellen, so dass eine lebendige Mischung hybrider Talente und Ressourcen in einer produktiven, experimentellen Arena entstehen kann.

Die darstellenden Künste sind durch ihre außerordentliche Lebhaftigkeit und ihre Konzentration auf den Menschen eine bevorzugte Plattform für die kreative, interdisziplinäre Erforschung von zeitbezogenen Medien. Seitdem eine wachsende Zahl von Computern Echtzeit-Berechnungen leisten kann – was vor ein paar Jahren noch undenkbar war – zieht die Live-Performance zunehmend die Aufmerksamkeit der Künstler auf sich. Was man grob als ›unmittelbares Medium‹ bezeichnen könnte, also ein Medium, das wahrnehmbaren, mehr oder weniger kontrollierbaren Veränderungen und Transformationen unterworfen ist, fasziniert nun diejenigen, die zuvor durch eine schwerfällige Datenverarbeitung davon abgehalten wurden. Aber diese Faszination bringt auch eine Menge oberflächlicher Arbeiten hervor, die nicht über die spezifischen zeitlichen Eigenschaften dieser neuen Kunstformen reflektieren. Darüber hinaus sind die Aktivitäten, die sich der computergesteuerten Echtzeitverarbeitung bedienen, oft Opfer eines fehlgeleiteten egalitären Eifers. Die gestischen Möglichkeiten des Interface werden geglättet, um sicherzustellen, dass jeder das gegebene System mit gleicher Leichtigkeit benutzen kann, ohne Rücksicht darauf, ob das System für funktionale oder für künstlerische Zwecke genutzt wird. Die daraus resultierenden, intuitiven Interfaces, die entwickelt wurden, um jeden in das Zeitalter der digitalen Aufklärung zu befördern, haben die Kraft einiger bedeutender sozialer Verhaltensmuster getrübt – nämlich die außerordentlicher gestischer Fähigkeiten. Es ist, als ob es im Reich der neuen Technologien politisch nicht korrekt sei, Differenz – und sei es Virtuosität – zu schätzen; vor allem im Reich der Technologien, die mit dem Allzwecketikett ›interaktiv‹ werben.

Das Touch Festival Das enorm kommunikative gestische Talent eines Künstlers lässt sich nicht auf ausdruckslos gestikulierende, mit Sensoren gespickte Gliedmaßen oder auf träge, von bizarren Antrieben ausgelöste Operationen reduzieren.

Das Touchfestival wurde im Dezember 1998 im Frascati Theater Amsterdam ins Leben gerufen, um auf spektakuläre Weise diese Kunst zu reaktivieren – in einem Setting aus Technik und Instrumenten, die eigens von und für die Künstler von STEIM (Studio für Elektronische und Instrumentalmusik mit Sitz in Amsterdam) entwickelt wurden. Das Festival bestand aus drei Konzertabenden, einem dreitägigen Symposium und einer Ausstellung mit spielbaren STEIM Instrumenten, die den *Electro Beep Club* aufnahmen. Touchperformances deckten eine große Bandbreite von Techniken ab, von Jon Roses nervöser *Violin-Rage* zur Eröffnung bis zu Marko Peljhans openend Finale, die Wardencliffe *Situation n°7* Installation, die aus Echtzeit-Radiosignalen und Processing 1 bestand. Renommierte zeitgenössische Musiker teilten sich das Terrain mit Sonologie Studenten, Techno Trance Künstlern, Tänzern und einer Seiltänzerin, die das Seil zum Musikinstrument umfunktionierte. In ihrer Schlussperformance hat Steina Vasulka Filmmaterial anderer Künstler ausfindig gemacht, das sie in dieser Woche am Bildschirm zusammengesucht hatte, um es dann flink in ihren Video-Violin Remix einzubauen: in ihrer instrumentalen Offensive verwandelte sie diese Künstler, die dem Publikum noch als unvergesslich lebendige Akteure präsent waren, schließlich in phantomhafte Gestalten. Das bunte Touchprogramm verschmolz durch seine vorrangige Hommage an die Kunst der Gestik und dank virtuoser Performance durch die Anwendung der Echtzeittechnik zu einem Ganzen.

Die Künstler und die Redner des Symposiums umfassen drei Generationen, durch das Ausstellungs- und Konzertpublikum wurde das Altersspektrum noch um zwei Generationen erweitert. Dieses Publikum unterschied sich drastisch vom homogenen Publikum, das man sonst auf den Kunstveranstaltungen findet, die auf die Experten der Neuen Medien abzielen. Man kann die große Anziehungskraft von Touch wenigstens teilweise dem ungewöhnlichen Profil von STEIM zuschreiben; vor allem seine auf Performance orientierten Entwicklungen und Forschungen sind schon seit Jahrzehnten im Gange; sie beinhalten von den ersten analogen Apparaten bis zu den neusten digitalen Durchbrüchen alle Kunstformen und Technologien. Die Geräte von STEIM sind nicht hierarchisch nach ihrer Bedeutung als Forschungsobjekte geordnet. Das richtige Zusammenspiel aus Kunstprojekt und Technik ist nach wie vor von entscheidender Bedeutung; das heißt, dass extrem einfache analoge Geräte – in einem bestimmten Performance Kontext – interessanter sein können als das ausgefeilteste digitale System.

Dick Raaijmakers, einer der STEIM-Gründer, erschien während des Touchsymposiums als die wunderliche Inkarnation ihrer Gründungsgeschichte. Raaijmakers las aus einem Brief Stephen Grays an die Königliche Gesellschaft in einer niederländischen Übersetzung aus dem 18. Jahrhundert, der die Entdeckung der elektrischen Leitung im Jahr 1730 schildert; die Lesung wurde von einer Simultanübersetzung in Zeichensprache begleitet und anschließend von einem zweiten Dolmetscher in modernes Englisch übersetzt. Diese umständliche Kommunikationsübung endete mit einer an Wunder und Magie grenzenden physikalischen Demonstration, die durch die ansteckende Bosheit des Künstlers vereitelt wurde. Als Pionier auf dem Gebiet der Verbindung von künstlerischer und industrieller Erkundung der Neuen Medien und als unermüdlicher Verteidiger der einmaligen Erfindungsgabe künstlerischen Forschens hat Raajmakers in seinem poetischen ›Chain of Touch Points‹ dem Festival ein sehr symbolträchtiges Eröffnungsspektakel geboten.

Die Gäste trugen zu allen drei Veranstaltungstypen von Touch bei. Einige der Künstler des Festivals wirkten aktiv am Symposium mit, so die Co-Organisatoren Michel Waisvisz und Joel Ryan, die gleiche Redezeit für Diskussion und Vorträge anordneten. Trevor Wishart warf mit seinen Sprachimprovisationen die komplexen Fragen nach der Erkennbarkeit und Veränderbarkeit von musikalischem Material auf. Tim Roberts' Luftbahnen-Vorführung und seine Beschreibung der Kunst der Jongleure und ihrer Grenzen in der gegenständlichen Welt verschärfte die Debatte über die von Beobachtern einer Performance erlebbare, kinästhetische Identifikation und über die Relevanz technologischer Systeme im Bereich virtuoser Gestik. Der Schwerpunkt auf praktischen Fähigkeiten schloss jedoch auch metaphorische oder metaphysische Überlegungen nicht aus, so zum Beispiel Proxy Touching oder das Teleroboter-Manifest ›Telepistemologie‹ und die Diskussion über die Funktion von Touch als sozialem Kontakt.

Die Künstler stellten ihre Werke selbst vor, so musste ihre Arbeit nicht von Theoretikern gedeutet werden. Es folgte eine ungewöhnlich gehaltvolle Debatte, in der spekulative Theorien ständig mit der Praxis der Performance konfrontiert wurden. Diese Situation reflektiert die Politik von STEIM, die ihre Forschung an Performancetechnologien systematisch in Zusammenarbeit mit Künstlern betreiben. Wenn kreative Talente eng in die technologische Entwicklung eingebunden werden, dann unterscheiden sich die daraus resultierenden Apparate sehr von denen, die eine Industrie einfach der Kunst diktiert, ohne die Sachkenntnis der Künstler mit einzubeziehen. Man kann einen Künstler natürlich offiziell einladen, solche Apparate mit garantiertem Werbeeffekt testen zu lassen, damit diese noch vor ihrem Erscheinen auf dem Markt eine Segnung erhalten. Das ist aber kein Ersatz für die Einbeziehung eines Künstlers in den oft mühsamen Entwicklungsprozess, der verlangt, zuerst die Ziele und Möglichkeiten zu definieren, um anschließend an der Ausarbeitung der optimalen Geräte für ein kreatives Projekt zu feilen. Diese kompromisslose künstlerische Ethik hat STEIMs erstaunliche technologische Bandbreite hervorgebracht – viele Apparate wurden zu Standardgeräten, dies aber nur mit Hilfe der Mitwirkung einzelner Künstler.

Technologien hautnahe abstimmen

Touch hat ganz bewusst die Fähigkeit zu instrumenteller Feinabstimmung zur Schau gestellt, da diese sofort Anerkennung und Bewunderung in einer Performance nach sich zieht. Scheinbar unmögliche gestische Akte zu vollbringen, die genau steuerbare Ton- und Bildwiedergabe an manipulierten Objekten, präzises Timing, das sich im sinnlichen Zusammenspiel der Improvisation auszahlt, all das gehört zur eigenständigen Kunst von Touch.

Im gegenwärtigen gestischen Flachland, wo wir überall denselben digitalen Druck ausüben, um digitale Codes zu verstehen, die unsere Aktionen und Transaktionen autorisieren sollten, ist die unnachahmliche Gestik, aber auch die für diese Virtuosität benötigte kognitive Beherrschung, von einer einmaligen inspirierenden Kraft. Die Energie eines begabten Schauspielers wird sich weiterhin kraftvoll entfalten, auch dann, wenn die Interfaces und Programme, die dafür verwendet werden, unzählige Operationen aufrufen müssen, so dass man das Ganze nicht mehr auf menschliches Dazutun zurückführen kann. Hier wird Virtuosität manifest als vitales Spiel oder als agonistisches Drama zwischen spontaner menschlicher Aktion und autonomem Prozess. Musiker, Tänzer, Magier, Puppenspieler und Jongleure erfreuen uns durch die kreative Verfremdung bekannter Objekte und Materialien. Die autonomen, intelligenten Produkte von heute stellen eine weitere Herausforderung für jene Künstler dar, die sich der poetischen Gestaltung elementarer Lebensprozesse widmen möchten. Touch war eine lebendige Arena für diese Künstler, die sich sowohl den ältesten als auch den neusten Technologien zugewandt haben. Es war ein Ort für hochgradig reale und ebenso für hochgradig virtuelle digitale Kunst. Hautnahe. (ÜE-D:BE)

SALLY JANE NORMAN *ist Künstlerische Vizedirektorin bei STEIM, und war Projektmitarbeiterin bei i3 am ZKM*

Für jeden Raum ein anderes Orchester zu erfinden, diesen Anspruch erfüllt Geert-Jan Hobijn fast schon wie eine Selbstverständlichkeit. Und er erreicht ihn mit allen instrumentalen Mitteln, die aus

Globaler Noise im Dorfzentrum

Haushaltsgeräten herauszuholen sind. Dann knistern, surren und knarren alte präparierte Kühlschränke oder Rasierapparate, gurgeln Kaffeemaschinen mit dem letzten Rest Wasser, heulen nacheinander Staubsauger auf - es entsteht eine Art Klangtheater, deren Bestandteile Hobijn je nach Raumsituation verändert. Für ungeübte Ohren mag es wie eine Kakophonie aus banaler Alltagsakustik klingen. Dennoch strömen Anhänger von Hobijn, Erik Benndorf und Carlo Crovato, die unter dem Namen »Staalplaat-Soundsystem« auftreten, in ganz Europa zu den performativen Konzerten und feiern jede elektronische Nuance im Alltag oft lästiger Geräusche.

»Staalplaat«, das vor knapp zwanzig Jahren in Amsterdam gegründete Projekt Hobijns, ist ein gewachsenes Forum für Soundkünstler, ein Netzwerk für den interkulturellen Ideenaustausch und vor allem eine Plattform für ungewöhnliche Musik. Mittlerweile ist »Staalplaat« auch eine wichtige Schaltzentrale für die Berliner Audioszene geworden, mit räumlichem Ausgangspunkt in der Oderberger Straße. Vor fünf Jahren kam Hobijn aus Amsterdam nach Berlin und wohnt seitdem in beiden Städten. Er versucht, obwohl die räumliche Trennung vorhanden ist, alle strukturellen Verzweigungen von musikalischen Grenzbereichen zu vereinigen: mit einem Label, Rundfunkprogramm, Verlag, Musikladen und der Galerie. Vor allem aber steht Hobijn für die Idee, neue Formen der Musik zu entdecken und diese fernab von Schubladen und Marketingstrategien weiterzuentwickeln. »Wir komponieren und programmieren Dinge, die vielleicht nur für uns Musik sind«, betont er.

Geert-Jan Hobijn hat in Berlin eine zweite Heimat gefunden, die ihm einen viel größeren Bewegungsradius bietet. »Als ich hier ankam, war alles sehr offen und kommunikativ. In Amsterdam hingegen wollte Keiner seine Nische verlassen«, erzählt er. Während ihn dort die Galeristen immer skeptisch anschauten, wenn er mit seinen Konzepten ankam, sei er in Berlin mit offenen Armen empfangen worden. »Hier ergaben sich schnell Workshops oder Konzerte an guten Veranstaltungsorten«, so Hobijn. Seine schwer verdaulichen Konzerte mit allem, was an elektronischen Geräten auf dem Markt ist, wurden vor allem durch ihre ausgereifte Konzeption als neue Formen der Musik anerkannt.

In den vergangenen vier Jahren hat sich Berlin durch Festivals wie das »Sonambiente« oder das »Format5«, aber auch durch Projekte während des »ICMC« seinen Status als einer der Mittelpunkte der europäischen Noise- und Klangkunstszene erarbeitet. »Die Audioszene ist ja wie ein schreckliches Dorf mit allen möglichen Figuren, Gewinner wie Verlierer«, sagt Hobijn. Berlin sei inzwischen so etwas wie das Dorfzentrum. »Von unserer Musik kann zwar nur ein Bruchteil der Beteiligten leben, aber alle bleiben mit Enthusiasmus dabei. «Dennoch bestehe die Chance, durch die feinmaschige Vernetzung und einen treuen Sammlerkreis für die oft aufwändig gestalteten CD-Hüllen von den eigenen Produktionen zu existieren. Jedes Cover der »Mulimlim« -Serie etwa ist ein Kunstobjekt für sich, besteht aus Materialien wie Leder, Holz, Metall und Textilien. So hat »Staalplaat« in Japan bereits großen Kultstatus. Dort wie auch anderswo sei man häufig bereit, für die ungewöhnlichen Tonträger Hunderte Mark zu bezahlen, bei einer Auflage von nicht mehr als 2.000 Stück.

Doch Einzelerfolge will kaum jemand feiern, auch nicht in Berlin. Als solidarische Szene geben die Künstler untereinander Hilfestellungen, organisieren gemeinsam Ausstellungen, kommunizieren auf ihrer eigenen Ebene – Konkurrenzstreben hat kaum eine Chance. Obwohl es mittlerweile Stars in der Szene gibt, die über das Label »Staalplaat« ihren Weg fanden. Gruppen wie The Hafler Trio, Zoviet France, Kapotte Muziek und Muslimgauze, die ein unglaublich variables Spektrum von Noisemusik bis zu schweren Gitarrenklängen abdecken, wurden zuerst durch die Musikenthusiasten um Hobijn vorgestellt. Es sind zählbare Erfolge bei allen Experimenten von »Staalplaat«. Wenn auch die gegenwärtige wirtschaftliche Flaute in der Multimediabranche auf seine Musik zurückstrahle, gehe es erst einmal mit vollem Programm weiter, so Hobijn. »Nichts ist komplizierter als unsere Musik, und wir machen das schon zwanzig Jahre.« Ein Lebensgefühl schweiße die Szene zusammen. Und dieses Gefühl für musikalische Formen zwischen Performance, Improvisation, Klangforschung und Konzeptkunst pendelt zwischen klassischen und neuen Medien unruhig hin und her. In Berlin, dem Dorfzentrum der Szene, hat es in allen denkbaren Nischen Platz gefunden.

HENNING KRAUDZUHN

GALERIE O-ZWEI & FREUNDE GUTER MUSIK PRÄSENTIEREN:

STAAL PLAAT
IN BERLIN

SONDER GEBOT

1 AUG – 1 SEP 1996

KRIEK

>>40

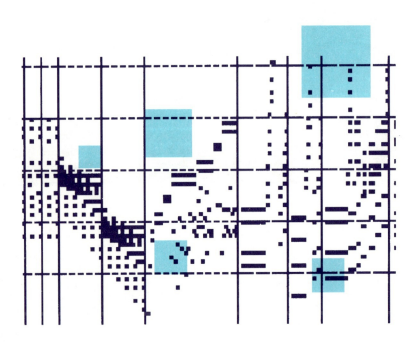

»Wie will man eine Technologie vermarkten, deren Leistungsfähigkeit oftmals an das Unzumutbare grenzt? Wie alles, das im Grunde niemand braucht: vermittels einer Vision.«
Bernd Kreimaier: Willkommen im Augment, c't 6/99

Das Netz entlässt seine Künstler

Am 20. Oktober 1969 wurde das erste PING, ein kleines Kontrolldatenpäckchen, zwischen einem Rechner der University of California Los Angeles (UCLA) und dem Stanford Research Institute gesendet - dieser Zeitpunkt gilt gemeinhin (neben vielen anderen) als der Geburtstag des Internet. Seitdem hat sich im Internet vieles geändert, vor allem eines: Das Internet ist einer breiten Masse zugänglich geworden und wird von der Öffentlichkeit gerne als prinzipiell basisdemokratisches Medium wahrgenommen, zu dessen Benutzung es keiner tiefergehenden Kenntnisse und Fähigkeiten bedarf. Diese Vorstellung findet ihren Ursprung in der Erfindung des WorldWideWeb: 1990 wurde die leicht zu erlernende Auszeichnungssprache HTML entworfen, inklusive der Möglichkeit, Texte per Hyperlink zu verknüpfen. Im Laufe seiner Entwicklung wurde das WWW durch eine Vielzahl verschiedener Medientypen erweitert; es ist schon seit geraumer Zeit kein Problem mehr, sowohl Musik als auch Videostreams, verschiedene Bildertypen und Multimediaanimationen unterschiedlicher Art dem Konsumenten an seinem PC, Handy, WebTV oder Organizer zugänglich zu machen. Und da es jedermann freisteht, sich etwas Webspace zu mieten oder diesen, z.B. an Universitäten, unentgeltlich zur Verfügung gestellt zu bekommen, entstand der Mythos vom

Internet als ›öffentlichem Raum‹, in dem jeder die Berechtigung (und implizit die Befähigung) besitzt, sich mehr oder weniger professionell und breitenwirksam zu äußern.

Die sich teilweise mit dem universitären Umfeld deckende Kunstszene erkannte schnell, dass es in diesem neuen Medium Ausdrucksmöglichkeiten geben würde, die langfristig dazu geeignet wären, bestimmte gesellschaftliche Gewohnheiten aufzubrechen und neu zu definieren; es sei nur an die ungeheure Anzahl von Hypertext-Projekten erinnert, die - aus heutiger Sicht irrtümlich - fast ausnahmslos das Ende der linearen Textrezeption ausriefen. Alles schien darauf hinzuweisen, dass sich das Internet von einer technischen in eine gesellschaftliche Angelegenheit verwandeln würde, jeder sollte Autor, Künstler, Kritiker, Produzent und Konsument in einer Person sein dürfen, man erwartete von dem technisch möglich gewordenen, vorgeblich freien Meinungsaustausch, dass er Politik und Gesellschaft verändern werde.

Das Ergebnis dieser Visionen war ein außerordentlicher Internetboom: Alles ist möglich, machbar und wünschenswert - wenn es denn Geld bringt. Gestern noch selbstverständlich kostenlose Dienstleistungen sollten auf einmal den urplötzlich für sie zu entrichtenden Obolus wert sein, Information mutierte zur Handelsware, der Hacker am Unix-Terminal sah sich durch den Jungunternehmer abgelöst, der zwar in technischer Hinsicht ein DAU (dümmster anzunehmender User) war, aber die Fähigkeit und den Mut besaß, die in sein neues Unternehmen investierten Millionen gnadenlos zu verbrennen.

Von gesellschaftlichem Wandel war in diesem Kontext nur noch insofern die Rede, dass die Konsumenten zu neuen Formen des Konsums umerzogen werden mussten; die Visionäre der ersten Stunden saßen derweil verbittert in ihren Ecken und trauerten den alten Zeiten nach – oder entwarfen apokalyptische Szenarien einer erbarmungslosen Cyberwelt, in der sich der Mensch zum bloßen Anhängsel eines selbstständig und frei agierenden Maschinenuniversums degradiert sah. Die behutsam gepflegten und langsam gewachsenen Kunstprojekte im Internet waren zum Abschuss freigegeben, weil kommerziell bedeutungslos, und selbstverständlich befanden sich die Künstler auf der Seite der Opfer, die der dotcom-Hype gefordert hatte. Jetzt, nach dem raschen und ruhmlosen Untergang des homo marketingensis, ist es Zeit für eine Bestandsaufnahme der Reste einer großen Vision, deren wesentliches Ergebnis lautet: Alles beim Alten, die Fortschritte sind marginal. Noch immer wird unter der Flagge des ›interdisziplinären Austauschs‹ von der aussichtsreichen Symbiose zwischen Kunst, Gesellschaft und globaler Vernetzung geredet, und noch immer existieren die angeblichen Gegensatzpaare Technik und Geist, Produktion und Idee, Machen und Reden.

Die Durchsicht von Artikeln und Beiträgen zur Kunst im Internet fördert eine Reihe zuverlässig wiederkehrender Begriffe zutage, die für diese Situation symptomatisch sind. Mit großer Wahrscheinlichkeit trifft der Leser auf Begriffe wie ›nichtlinear‹, ›interaktiv‹, ›öffentlicher Raum‹, ›Interdisziplinarität‹, ›Kommunikation‹, ›Kooperation‹ und vor allem – mit einer eigenartigen Sinnverschiebung behaftet – auf den in vielerlei Kontexten und Bedeutungsvarianten gebrauchten Standardbegriff ›Netzwerk‹. Besonders das schon fast zu Tode gehetzte ›Netzwerk‹ darf als paradigmatisch und im Folgenden als Beispiel für die nach wie vor existierende Differenz zwischen der zugrunde liegenden Technik und den diese Technik benutzenden Künstlern gelten. Der technisch vorgebildete Leser wird unter ›Netzwerk‹ zunächst einmal ein physikalisches Netzwerk verstehen, in dem Datenpäckchen zwischen Clients, Routern und Servern hin- und hergeschickt werden und für den Datenaustausch typischer Internetdienste wie E-Mail und HTTP sorgen. Dagegen sind Netzwerke aus der sozialtheoretisch geprägten Sicht derer, die das Internet in erster Linie für ein gesellschaftlich relevantes Phänomen, den digitalen ›öffentlichen Raum‹ halten, kommunikative Verzahnungen und Verbindungen zwischen den Benutzern dieser technischen Infrastruktur. Ungeachtet der Tatsache, dass beide Bedeutungsvarianten des Begriffes eine partielle Deckungsgleichheit besitzen, beharren beide Seiten darauf, ihre Auslegung für die jeweils relevantere zu halten - und schlimmer noch, sie scheinen sich zu weigern, die Sicht der jeweiligen Gegenseite zumindest versuchsweise mit der eigenen in Übereinstimmung zu bringen. So bauen die Geeks und Nerds weiter an ihren Netzen und ihrer Software und haben dabei halb spielerisch, halb technisch notwendig, eine Form der Kommunikation entwickelt, die von den Vertretern der ›Gegenseite‹ noch immer als ›künstlerisches Projekt‹ postuliert und positioniert wird. Die technische Seite hat dabei zwei entscheidende Vorteile: Sie stellt die technologische Grundlage her (und antizipiert die möglichen Formen und Regeln des Gebrauchs), und sie schafft gesellschaftliche und kommunikative Zustandsänderungen, ohne sich dieser Tatsache recht bewusst zu werden, indem die Kommunikation in der Regel themengebunden abläuft. Nach einer gemeinsamen Basis für die Kommunikation zwischen denkbar unterschiedlichen Menschen muss nicht erst gesucht werden, weil die Basis schon vorhanden und damit Auslöser und Grund für das Zustandekommen einer spezifischen Form der Kommunikation ist, die in vielen Bereichen die herkömmlichen Kommunikationswege abzulösen in der Lage ist.

In einem typischen BBS (Bulletin Board System, kurz: Board) zu technischen Fachthemen gibt es eine Reihe von Topics (Themenbereichen), unterhalb derer jeder Benutzer eigene Threads beginnen und Replys zu vorhandenen Postings schreiben darf. Von jedem Teilnehmer wird erwartet, dass er die Regeln der Netiquette kennt und beachtet, sich zu den diskutierten Themen entweder fachkundig zu äußern weiß oder nur still mitliest um zu lernen, nicht nur Fragen stellt, sondern nach Möglichkeit auch beantwortet, typische (oft aus dem Chat stammende) Abkürzungen wie AFAIK und IMHO zu deuten weiß, und viele Boards besitzen auch eigene Rubriken für so genannte Off-Topic-Themen, in denen man sich abseits des thematischen Rahmens zu vielerlei Belangen äußern und miteinander diskutieren kann. In solchen Boards entwickeln sich enge Freundschaften zwischen Menschen, die sich noch nie gesehen haben und wahrscheinlich auch nie sehen werden, die über Kontinente verteilt leben und die außer ihrem gemeinsamen Interesse für eine bestimmte Thematik vermutlich durch nichts, aber auch gar nichts verbunden sind. Niemand von diesen Leuten würde auf die Idee kommen, diese sehr spezielle Form der Kommunikation für einen Gegenstand der Kunst zu halten, und dennoch beschäftigt sich eine nicht geringe Anzahl von Kunstprojekten genau mit diesem Thema: Einander unbekannte Menschen über die Form elektronisch vermittelter Kommunikation in eine Beziehung zueinander zu setzen, sei es an Chat-Terminals auf öffentlichen Plätzen, in displayangereicherten Discos oder auch nur in den Bürgernetzwerken globaler Dörfer und virtueller Städte. Diese im künstlerischen Versuch präsentierten Kommunikationsexperimente stellen aber sicherlich keine originär neue Form der Kommunikation dar – im Gegenteil, die ersten Dienste des Ur-Internet waren virtuelle schwarze Bretter an Universitäten, aus denen unter anderem die heutigen BBS erwuchsen.

In engem Zusammenhang mit dieser Form des kommunikativen Austauschs steht die Frage nach der Interaktivität zwischen Künstler und Rezipient, der durch seine Teilnahme idealerweise vom reinen Rezipienten zum ›Co-Künstler‹ gemacht werden soll. Die meisten Künstler sind jedoch nicht in der Lage, wirklich autonome Plattformen zur interaktiven Gestaltung und Genese von Kunst bereitzustellen, und diese Tatsache hat auch kaum etwas, wie immer wieder gerne gemunkelt wird, mit Fragen der Finanzierbarkeit und freien Zugänglichkeit zu tun.

Von einem Bildhauer erwartet man, dass er mit den Eigenschaften des von ihm verwendeten Materials genauso gut vertraut ist wie mit der präzisen Funktionsweise seiner Werkzeuge, seien dies nun Hammer und Meißel oder ein Schweißgerät. Ein Komponist kommt nicht umhin, wenigstens einige Instrumente nahezu perfekt zu beherrschen, was ziemlich genaue Kenntnisse über die Herstellung und mechanischen Eigenarten mit einschließt. Der weitaus größte Teil der Medienkünstler ist auf Hard- und Software angewiesen, deren exakte Funktionsweise sich noch nicht einmal ausgewiesenen Experten erschließt, deren Bedienung außerordentlich komplex ist und sich darüber hinaus, je nach Lust und Laune des Herstellers, jederzeit grundlegend ändern kann. Oft wird der Künstler also gezwungen sein, sich zur Ausführung seiner Idee der Hilfe eines oder mehrerer Experten aus dem technischen Bereich zu versichern, der aus der vorhandenen Hard- und Software aber auch nicht mehr herausholen kann, als vom Hersteller vorgesehen. Diese Situation führt zu einigen bemerkenswerten Konsequenzen.

Multimedia- und besonders Netzkunst ist nicht unmittelbar, sondern im Gegenteil über eine ganze Reihe von Instanzen vermittelt, die sich der Zugriffsmöglichkeit des Künstlers teilweise oder vollständig entziehen, was zugegebenermaßen gelegentlich Bestandteil der Kunst sein kann. Welcher Maler aber stellt sich vor sein halbfertiges Bild und ruft zum Anbringen des fehlenden Pinselstriches den dazu befähigten Techniker, weil er selbst leider mit der Handhabung des Pinsels nicht vertraut ist? Dasselbe Phänomen taucht im Zusammenhang mit den landläufigen Theorien über das Netz, die Kunst und die Gesellschaft wieder auf. Die gängigen Theoretiker des Netzes und der globalen Kommunikation sind selten mit den Konstrukteuren und Entwicklern identisch, sondern finden sich eher auf der Seite der User und Konsumenten. Gern wird, oft in Form loser Begriffe und ohne Angabe der Quellen, auf Theorien zurückgegriffen, die lange vor dem ›ersten Ping‹ entworfen wurden – Marshall McLuhan und Vilém Flusser seien hier stellvertretend genannt, beides zweifellos hellsichtige Köpfe, deren Theorien aber nicht mehr auf die heutigen Zustände übertragen werden können. Das Netz hat sich vollkommen anders entwickelt, die Vision des ›Global Village‹ hat angesichts der zunehmenden Individualisierung und Isolierung der Netzbewohner einen unverkennbar bitteren Beigeschmack angenommen. Die alten Theorien aber sind längst auf ihren mythischen Sockel gehoben worden, und wie die meisten Mythen, werden sie von ihren Exegeten gegen jeden rationalen Einwand eisern verteidigt.

Der Künstler ist darüber hinaus auf dieselben Distributions- und Konsumtionskanäle wie seine kommerziellen ›Konkurrenten‹ angewiesen. Ein Provider muss Speicherplatz und eine geeignete Serverumgebung zur Verfügung stellen, der durch ein im Netz befindliches Projekt verursachte Traffic will bezahlt sein, dem User am heimischen Rechner müssen eventuell benötigte Plug-Ins zur Verfügung gestellt werden. Der Künstler selbst benutzt vielleicht Software, die nur bedingt zu künstlerischen Äußerungen geeignet ist, weil sie für den

Gebrauch im kommerziellen Kontext hergestellt wurde – vom Betriebssystem bis hin zu einzelnen Programmen aus dem Bereich Sound & Vision. Der User oder Rezipient muss bereit sein, die für ihn entstehenden Online-Kosten zu tragen und Geduld aufbringen, bis sich die erforderlichen Daten durch die Leitung bis zum heimischen Rechner gequält haben. Der Mitteilungskanal zwischen Künstler und Rezipient kann auf vielfältige und unvorhersagbare Weise gestört, verändert und unterbrochen werden und steht zudem in ständiger Konkurrenz zu den vielfältigen Angeboten einer kommerziellen Multimediamaschinerie, zu ankommenden E-Mails, Anrufen auf dem Handy, den durch Java- und Flash-Applets überforderten, abstürzenden Browsern und den mit einem stoischen ›503‹ aufgebenden Servern, just in dem Moment, in dem man das eigene Statement oder den mühsam geschrieben Beitrag abschicken wollte. Die museale Situation des One-to-One zwischen Kunstwerk und Rezipient oder die kontemplative Stille des Konzertsaales ist passé. Wenn man diesen Zustand nicht zum Bestandteil des künstlerischen Aktes selber macht, muss man diese Eigenarten des multimedialen Zeitalters zumindest berücksichtigen. Auch die vielbeschworene Möglichkeit der Interaktion gewinnt unter diesem Gesichtspunkt eine andere Bedeutung. Die Herstellung von Interaktivität bewegt sich stets in dem sehr eng gezogenen Rahmen dessen, was die technischen Möglichkeiten erlauben (Chatrooms, BBS, Webseiten u.a.m). Letztendlich zappelt der Rezipient marionettengleich an den Fäden des Künstlers, die ihm als Interaktivität angepriesen werden. Jedwede Äußerung an den vorgesehenen Kanälen vorbei (dem Chatfenster, dem BBS-Interface, dem Eingabefeld der Website oder dem MPEG-Bild des ›virtuellen‹ Gegenüber) ist unmöglich. Solange dieser Zustand beabsichtigt und Bestandteil des Kunstwerkes ist, mithin der Intention des Künstlers entspricht, funktioniert das Kunstwerk; wenn der Künstler sich dieser technischen Einschränkungen nicht bewusst ist, weil nur sein Techniker um diese Fallen weiß, scheint das Kunstwerk absurd. Der von der technisch sehr versierten Künstlergruppe Etoy (*www.etoy.com*) 1996 organisierte ›Digital Highjack‹ ist ein legendäres Beispiel für – wenngleich aus Usersicht eher ungewollte – Interaktivität: User wurden ›entführt‹, weil Etoy eigene Seiten mittels einer gewieften Suchmaschinenanalyse in den Rankings oft verwendeter Suchbegriffe weit nach oben schmuggeln konnte; die User wurden dann in einem Labyrinth sich gegenseitig per Metatag-Refresh aufrufender Seiten gefangen gehalten. Verzichtet der Künstler dagegen bewusst auf externe Hilfe, ohne das elektronische Handwerk wirklich zu beherrschen, kommt es zu teilweise immerhin lustigen Grotesken: Zum Beispiel ist ausgerechnet die vom Erstpreisträger des Wettbewerbs gestaltete Website des letzten ›Browserday 2001‹ (*www.browserday.com*) nur mit dem Microsoft Internet Explorer ab Version 4 und dem Netscape 4.x einwandfrei zu betrachten und zu verstehen. Alle anderen modernen, inzwischen zunehmend verbreiteten Browser der 5er- und 6er-Generation wie Opera, Mozilla, Netscape 6 und Konqueror bleiben außen vor und lassen den unbedarften User ratlos zurück, dem sich der eigentliche Witz dieser ohnehin auffällig inhaltsleeren Präsentation nicht so recht erschließen will.

Angesichts der herrschenden und gerade in der Kunstszene weit verbreiteten Dogmen führen diese Feststellungen zu einigen ›ketzerisch‹ anmutenden, alternativen Denkmodellen. Interdisziplinarität und projektorientierte Zusammenarbeit sind unumgängliche Voraussetzungen, um in einer unüberschaubar komplexen, technoiden Welt weiterhin Entwicklung sowohl auf dem technischen als auch dem künstlerischen Sektor zu ermöglichen. Interdisziplinäres Arbeiten erfordert aber, dass jeder Beteiligte mit der Arbeit seines Nachbarn weit genug vertraut ist, um aus der Synthese der Einzelbeiträge ein sinnvolles und/oder anregendes Ergebnis zu gewinnen. Der multimediale Künstler kann sich nicht länger auf seine Aufgabe als geistiger Innovator einer Idee zurückziehen, er wird auch mit den Details der von ihm verwendeten technischen Grundlagen so weit vertraut sein müssen, dass er seiner Idee ein gewisses Maß an Unmittelbarkeit zurückgeben kann. Es reicht nicht aus, die Kunst gegenüber der Welt der Technik und des Kommerzes als ein Anderes zu setzen und sich auf dieser zurückgezogenen Position auszuruhen; die Arbeit des Künstlers berührt nicht nur diese anderen Welten, sondern sie verschmilzt mit ihnen, der Künstler ist nicht allein von den ihn umzingelnden Disziplinen und Teilbereichen der Ökonomie und Technologie abhängig, er lässt sich ebenso gut als ihr integraler Bestandteil verstehen. Ein Künstler dieser Kategorie wäre Webdesigner, Netzwerkadministrator und -Entwickler, Grafik-, Video- und

Soundspezialist, Hardwaretechniker und Medientheoretiker in einer Person - sicherlich kein Universalgenie, aber größtmöglich universell. Der Rezipient dieser Kunst wird, ob er nun interaktiv am Kunstwerk beteiligt wird oder nicht, ähnliche Qualitäten aufweisen müssen, um mit den an ihn gestellten intellektuellen Forderungen Schritt halten zu können. Dies ist sicherlich eine Utopie - die deswegen auch just in den utopischen Träumereien beispielsweise eines Gene Roddenberry Fuß gefasst hat, dessen Protagonisten aus ‚Star Trek' jederzeit in der Lage zu sein scheinen, jegliche noch so fremde Technologie und Kommunikationsform innerhalb kürzester Zeit zu adaptieren und weiterzuentwickeln. Angesichts der immensen technologischen und intellektuellen Anforderungen an die im ›Cyberzeitalter‹ aufwachsenden Generationen ist diese Utopie aber keine ganz unmögliche.

Die letzte Steigerungsform dieser Kunst im Medienzeitalter ist die Kunst, die des Künstlers nicht mehr bedarf, nicht einmal mehr des zum Künstler umgepressten Rezipienten. Das Netz – oder die Gesamtheit seiner Benutzer – produziert unvorhersehbare Effekte, deren Erhebung zum künstlerischen Akt vielleicht nur noch eine Frage der Zeit ist. Leute beginnen, über den Zeitraum von Jahren die ihnen zugeschickte Spam oder zufällig im Netz aufgepickte Informationsschnipsel zu sammeln, zu strukturieren und zu veröffentlichen. Traditionelle Vorstellungen von Grammatik, Orthografie, Interpunktion und Syntax sind ebenso wie die Schemata und Fähigkeiten zu visueller und akustischer Wahrnehmung schon längst von sich eigenständig entwickelnden und schnell veränderlichen, manchmal höchst eigenartigen Gewohnheiten überholt worden. Vorgeblich einfache Suchgänge nach einer Information im Netz verwandeln sich zu surrealen, end- und manchmal ziellosen Hyperlink-Sprungreisen rund um den Globus und zurück, die den Datenreisenden unter dem Oberbegriff des ›Surfens‹ nicht unbedingt ans Ziel bringen, ihn aber verstört oder glücklich oder beides in einem Haufen kleiner Informationsschnipsel und Erlebnisfetzen zurücklassen, die sich zu einem vollkommen neuen Eindruck zusammenfügen.

Das für das Individuum des Künstlers vielleicht bedauerliche, für die Kunst aber höchst aufregende Ergebnis dieser Tendenz lautet: In einer Welt, in der die Rezipienten und User ein Experiment abgeschlossen haben, ehe die Künstler es beginnen konnten, ist nichts uninteressanter als eine Videoinstallation, eine Kommunikationsanordnung, ein Stück ›nichtlinearer‹ Netzliteratur oder eine neue Medientheorie. Erst wenn die Künstler über die Scham- und Lernschwelle der Technologie, die Medientheoretiker über die der Vertrautheit mit den Grundlagen der theoretisierten Medien und die Techniker über jene der intellektuellen und ästhetischen Durchdringung ihrer Welt springen, wird das Zweigespann aus Kunst und neuen Medien wieder so etwas wie neue ›Visionen‹ hervorbringen können.

HELGE BORGMANN *ist Altgermanist, Webdesigner und Netzarbeiter*

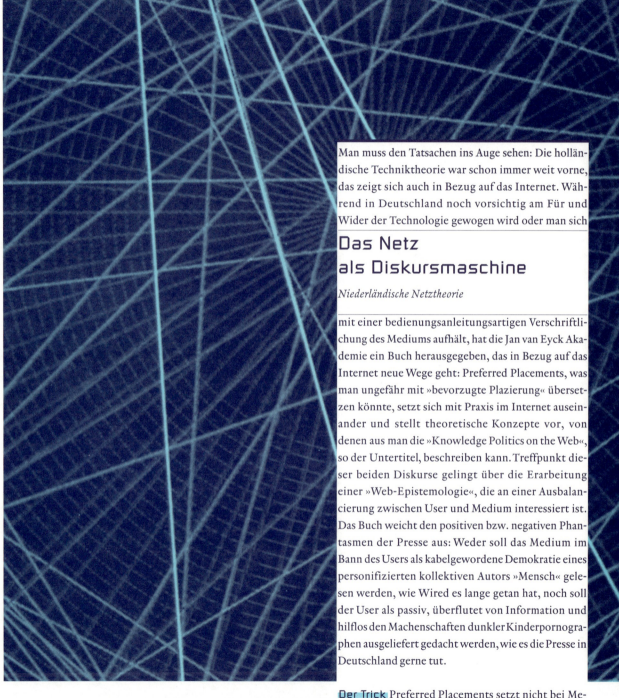

Man muss den Tatsachen ins Auge sehen: Die holländische Techniktheorie war schon immer weit vorne, das zeigt sich auch in Bezug auf das Internet. Während in Deutschland noch vorsichtig am Für und Wider der Technologie gewogen wird oder man sich

Das Netz als Diskursmaschine

Niederländische Netztheorie

mit einer bedienungsanleitungsartigen Verschriftlichung des Mediums aufhält, hat die Jan van Eyck Akademie ein Buch herausgegeben, das in Bezug auf das Internet neue Wege geht: Preferred Placements, was man ungefähr mit »bevorzugte Plazierung« übersetzen könnte, setzt sich mit Praxis im Internet auseinander und stellt theoretische Konzepte vor, von denen aus man die »Knowledge Politics on the Web«, so der Untertitel, beschreiben kann. Treffpunkt dieser beiden Diskurse gelingt über die Erarbeitung einer »Web-Epistemologie«, die an einer Ausbalancierung zwischen User und Medium interessiert ist. Das Buch weicht den positiven bzw. negativen Phantasmen der Presse aus: Weder soll das Medium im Bann des Users als kabelgewordene Demokratie eines personifizierten kollektiven Autors »Mensch« gelesen werden, wie Wired es lange getan hat, noch soll der User als passiv, überflutet von Information und hilflos den Machenschaften dunkler Kinderpornographen ausgeliefert gedacht werden, wie es die Presse in Deutschland gerne tut.

Der Trick Preferred Placements setzt nicht bei Medium oder User an, sondern bei der Schnittstelle dazwischen: im Grunde also bei der Software, konkreter bei jenen Anwendungen, die das gelieferte

Wissen im Netz zum User dirigieren oder vom User dirigiert werden, um bestimmtes neues Wissen zu liefern. Kritisch untersucht wird die Ergebnis-Politik der Suchmaschinen (beispielsweise der Verkauf der ersten beiden Suchergebnisse bei Altavista, das zu nahe Nebeneinander des News-Angebots bei AOL zu E-Commerce oder das Bilden von Userprofilen über Cookies für kommerzielle Interessen.

Scheinbar absichtlich nimmt das Buch jedoch nicht nur Texte auf, in denen der User als passives Objekt der Software erscheint. Im Gegenzug wird vom Programmierer Matthew Chalmers die Software »recer« entworfen, die Profile erstellt, über die der User selbst verfügen kann, um an Sites zu gelangen, auf die er selber nicht gekommen wäre.

Daneben findet sich eine Reihe von Aufsätzen, die sich dem Thema widmen, wie Wissen im Internet funktioniert: Einerseits werden Kartographien des Internet besprochen, deren verschiedene Methoden verschiedenes Wissen sichtbar machen. Andererseits werden Probleme der »Authorisierung« von Wissen diskutiert und der Status von Information im Internet untersucht: Nur wenn der Veröffentlichungsort im Netz an eine Institution in der »realen Welt« rückgekoppelt ist, gilt das Wissen als gesichert. Diese Regel greifen wiederum Projekte wie RTMark.com auf, die in Preferred Placements unter dem Namen Rouge Gallery (Gauner Galerie) präsentiert werden. Hier imitieren Netzseiten unter einer ähnlichen URL wie ihr Vorbild deren Layout, füllen dieses jedoch mit einem meist das »Original« kritisierenden Inhalt wie http://www.microsoftedu.com oder http://www.microsmith.com.

Die Theorie Zwischen den Texten, die anhand von konkreten Anwendungen oder Sites Probleme und Verschiebungen aufzeigen, die sich beim »neuen« Medium Internet ergeben, finden sich immer wieder welche, die eher von der Theorie aus auf das Medium zugehen. Neben dem Herausgeber Richard Rogers sind es die Texte von Gerald Wagner und Steve Woolgar, denen es darum geht, wie Theorie Technologie konstituiert. Gemeinsam an ihrer Herangehensweise ist der Versuch, einen Theorieansatz zu entwickeln, der das Internet nicht von den menschlichen Akteuren vor den Bildschirmen aus denkt. »...wir suchen nicht länger nach den menschlichen Autoren des Webdiskurses«, schreibt Wagner, »sondern nach dem Diskurs selbst, dessen ›Urheberschaft‹ in diesem Fall nicht mehr über die User-Surfer konstituiert wird, sondern setzen bei kartographierenden Techniken und den Anwendungen und Tools selbst an.« Für die Web-Epistemologie, die Rogers daraufhin entwirft, gilt es vor allem, Diskurse zu fassen, die sich auf der technischen Oberfläche des WWW abbilden: Das Netz als Diskursmaschine. Steve Woolgar wiederum, vielleicht durch seine Zusammenarbeit mit dem französischen Philosophen Bruno Latour der bekannteste unter den Autoren, verortet das Internet selbst als Effekt eines theoretischen Diskurses: »Technologie ist letzten Endes theoretisch. Es geht um Alternativen von sozialer Verteilung (vielleicht bedrohliche, vielleicht befreiende), die die Verteilung des Einkommens, des Zugangs, der Information, des Wissens und der Macht beinhalten.«

Was an Preferred Placements bestechend ist, dass Schreiber ihr detailliertes Wissen über technische Abläufe in Theorien und Analysen umsetzen. Es zeigen sich Praktiken, mit denen man die viel gerühmte »Flut« von Wissen im Internet in praktische Häufchen transformieren kann. Die offene Stelle eines Ansatzes, dessen Zentrum der Umgang mit Wissen ist – die »Knowledge Politics on the Web«, bleibt dabei die Technologie, das Medium selbst. Während man die Diskurse im Netz mit der in Preferred Placements entwickelten Web-Epistemologie hervorragend zu fassen bekommt, werden die Übergänge und Einflüsse zwischen den Diskursen im Internet und in der Welt »draußen« ausgeblendet. Die Web-Epistemologie konstituiert das Netz als eine abgeschnittene Welt für sich. Ein Punkt, an dem man allerdings mit Preferred Placments im Rücken gut weiterarbeiten kann.

MERCEDES BUNZ *lebt in Berlin, promoviert an der Bauhaus Universität Weimar und ist Herausgeberin der Monatszeitung DE:BUG, Zeitung für elektronische Lebensaspekte.*
mrs.bunz@de-bug.de

Das Folgende ist ein Kommentar zu Jean-Marie Schaeffers Vortrag »Die Erfahrung von Kunstwerken«, in dem er die Beziehung von Kunst und Theorie thematisiert. Meine Überlegungen sind weder als Kri-

Distanzen messen

tik noch als eigenständiger Essay gedacht, ich möchte hier lediglich einige Gedanken zu Schaeffers Vortrag ausführen. Es geht, in fünf kurzen Absätzen, um die Themen Interdisziplinarität, Medientheorie, Geschichte, Kunstrezeption und um die kulturellen Grundlagen der Ästhetik.

In diesen Bemerkungen möchte ich aus der Erfahrungsperspektive eines bestimmten Bereichs zeitgenössischer Kunst sprechen – dem der elektronischen oder Medienkunst. Denkbar ist eine Definition von Medienkunst als künstlerischer Praxis, die sich zentral mit elektronischen Medien beschäftigt – Videos, Computer, elektronische Netzwerke, virtuelle Realität, Motion Tracking, usw; Praktiken, die diese Technologien verwenden und sich dabei der spezifischen ästhetischen Wirkungen und Erfahrungen bedienen, die diese erzeugen. Die folgenden Bemerkungen wollen sowohl die Distanz als auch die mögliche Befruchtung zwischen einer Kunst, die vor allem mit elektronischen Medien operiert, und einer eher ›traditionell‹ zu nennenden Kunst, die als direkte Nachfolgerin moderner oder postmoderner Kunstpraktiken angesehen werden kann, ermessen. Auf der einen Seite ist diese Unterscheidung schwer zu machen, weil die Grenzen immer mehr verschwimmen. Medienkunstklassen an den Akademien und die zunehmende Beteiligung medienkunstnaher Projekte in ›traditionellen‹ Kunstausstellungen bekunden diesen Annäherungsprozess. Andererseits bezeugt die Zurückhaltung vieler Kunstkritiker und Kuratoren gegenüber der Medienkunst, dass Kunst, die sich des Computers bedient, immer noch kein fester Bestandteil der sogenannten Kunstwelt ist. Meiner Meinung als Kunsthistoriker nach, stellt dies ein bedauernswertes Versäumnis dar, gerade wenn man an die theoretische und ästhetische Kraft denkt, die von vielen dieser Werke ausgeht. Unbestritten gibt es auch dort wie bei jeder Kulturproduktion Qualitätsunterschiede. Doch die manchmal sehr heftige Kritik an dieser Kunst könnte man eher akzeptieren, wenn sie auf einer fundierten Auseinandersetzung mit der Materie basierte und nicht, wie in den meisten Fällen, auf Unwissenheit.

I>> In der Medienkunst ist Interdisziplinarität kein strategischer Gestus, der vom politischen oder ästhetischen Wunsch nach einem ›Cross over‹ oder der Referenz auf einen bestimmten Kontext bestimmt wäre, sondern eine vorgegebene Bedingung, die man schon ab-

sichtlich umgehen müsste, um sie zu beseitigen. Medienkunst bewegt sich in einem Raum, der von wissenschaftlichen, technologischen und sozialen Vektren durchzogen ist und dies nötigt Künstler oft dazu, sich und ihre Arbeit bewusst in einem bestimmten Verhältnis zu diesen Kräften zu positionieren. Die Abhängigkeiten von Produktions- und Präsentationsbedingungen, vor allem das Angewiesensein auf kommerzielle Hard- und Software, zwingen Medienkünstler zu einer expliziten, sei es kritischen oder affirmativen Haltung und es steht ihnen nicht frei zu entscheiden, diese Konditionen als Teil ihrer Arbeit zu akzeptieren. Die Rolle der Medienkunst im Ganzen ist deshalb auch durch ihr Verhältnis zu anderen Disziplinen wie der Kybernetik, Robotik, Ökonomie oder der Militärtechnik in Frage gestellt. Diese interdiziplinäre Nähe ist sicher prekär, aber es muss noch einmal betont werden, dass Interdisziplinarität in diesem Zusammenhang eine notwendige Bedingung und keine ästhetische Entscheidung ist.

II>> Schaeffer bezeichnet Kunsttheorie sinnvoller Weise als eine Methode, auf Kunstwerke zuzugehen und sie zu erleben und vielleicht sogar eine Möglichkeit, diese Kunstwerke und ihre Funktionsweisen zu verstehen. Im Falle der Medienkunst ist es unabdingbar, über Geschichte, Politik und Ökonomie der verwendeten Technologien nachzudenken – Aspekte, die nolens volens Teil vieler Medienkunstprojekte werden. Die Theorie der Medienkunst ist deshalb, neben anderen Diskursen, eng mit Medien- und Technologietheorien verwandt. Utopische wie technokratische und apokalyptische Zweige der Medientheorie führen die Debatten in ganz verschiedene Richtungen. Im eher kritischen Lager ist eine beachtenswerte Offenheit für Diskussionen über ›Betriebssysteme‹ festzustellen. Damit allerdings ist weniger ein etabliertes Kunstsystem mit Galerien, Kritikern, Sammlern, Zeitschriften etc. gemeint, sondern vielmehr das technische und politische OS (operating system, Betriebssystem) von Windows NT, Linux oder UNIX. Auch auf diese Weise kann man auf die spezifische Politik und Ökonomie der Medienkunst und ihrer dazugehörigen Theorien aufmerksam machen.

III >> Die Geschichte der Medienkunst ist noch nicht geschrieben worden. In letzter Zeit wurden mehrere Anstrengungen unternommen, die Entwicklungen, die im 20. Jahrhundert und früher stattgefunden haben zu dokumentieren und zu beschreiben, indem man ein archäologisches Feld geschaffen hat, auf dem die Historiker in viele verschiedene Richtungen forschen können. Wie viele andere Randdisziplinen ist sich diese Historiographie bewusst, wie sehr die Entwicklungen technologisch nahestehender Kunstpraktiken aus dem Kanon der Tradition der Moderne ausgeklammert wurden. Gleichzeitig ist nur eine kleine Zahl von Künstlern, die die Neuen Medien verwenden, in das Pantheon zeitgenössischer Kunst aufgenommen worden. Wenn man die mehr als offensichtliche Konstruiertheit der Kunstgeschichte des 20. Jahrhunderts bedenkt, erscheinen gewichtige Stellungnahmen zum Niedergang oder zur Rückkehr der Avantgarde und ihrer Utopien ziemlich bedeutungslos, angesichts des Entstehens vielfältigster Utopien und verschiedenster Avantgarden auf dem Gebiet der Medienkunst in den letzten beiden Jahrzehnten. Hier wurde eine Geschichte geschrieben, die sich sehr von derjenigen unterscheidet, die von internationalen Kunstjournalen und Ausstellungen im gleichen Zeitraum protokolliert wurde.

IV >> Die ›traditionelle‹ Kunsttheorie scheint die Unterscheidung zwischen Künstler und Rezipient und die falsche Beschreibung des Rezipienten als ›Betrachter‹ nach wie vor beibehalten zu haben, auch wenn das mimetische Programm der Klassischen Moderne doch eigentlich von disparateren und vielschichtigeren ästhetischen Parametern abgelöst worden ist. Bei der Rezeption von Medienkunst ist im Gegenteil nicht das Betrachten, sondern das Teilnehmen bestimmend. Inzwischen kann uns die Behauptung von ›Interaktivität‹ selten mehr als ein Stirnrunzeln oder ein Gähnen entlocken, aber es muss trotzdem gesagt werden, dass eine Kunst, die erst durch die aktive Teilnahme des Benutzers verwirklicht wird, einen Paradigmenwechsel, wenn nicht gar einen Bruch mit einer Kunst darstellt, die von den Entscheidungen des Künstlers als ›Autor‹ bestimmt wird und die sich durch die Rezeption nicht verändert. Wie schon bei anderen Beobachtungen angemerkt wurde, trifft dieses Merkmal auch hier nicht allein auf Medienkunst zu, sondern war schon in früheren Kunstprojekten des 20. Jahrhunderts mehr oder weniger Thema. Aber anders als dort sind Interaktivität, das Bekenntnis zum Kunstwerk als Prozess und die ›Codierung‹ der Rezeption als Produktion grundlegende Voraussetzungen der ästhetischen Erfahrung bei Medienkunst.

V >> Es ist deshalb problematisch, einer engen Kopplung von Kunst und visueller Kultur zuzustimmen. Dieser Punkt taucht oft in der Debatte über die Frage auf, ob man auf die Autonomie der Kunst verzichten und sie in die visuelle Kultur zurückbinden soll. Das anhaltende Vorurteil der Kunsttheorie, die dem Visuellen den Vorzug gibt, widerspricht dem multimedialen Umfeld von Medienkunstprojekten, das akustische, visuelle und taktile ›Kanäle‹ vermischt und trennt, koppelt und entkoppelt. Zahlreiche Künstler bewegen sich frei zwischen diesen unterschiedlichen Ausdrucksmitteln, was auch manchmal für Kuratoren eine Herausforderung ist, die es sonst gewohnt sind, ihre Ausstellungen allein auf Grundlage visueller und konzeptueller Dramaturgien zu entwerfen. Noch entscheidender ist, dass die ästhetischen Paradigmen der Medienkunst immer mehr vom Konzept der Repräsentation abweichen, die in der europäischen Kultur so stark durch das Visuelle geprägt ist. An Stelle der Repräsentation, der Darstellung, haben sich Konnektivität, Kommunikation und Kooperation einen paradigmatischen Status erobert. Dies macht es herkömmlich geschulten Kunsthistorikern und -kritikern oftmals schwer zu erkennen, was an nicht visuell orientierten Kunstprojekten interessant sein kann. Darüber hinaus arbeiten einige Medienkunsttheoretiker an der Formulierung einer Ästhetik des Maschinischen, in der das ästhetische Potential unvorhersagbarer und mehr oder weniger autonomer, maschinischer Prozesse untersucht wird und die die Interventionen des Künstlers oder der Benutzer in den Hintergrund stellt zugunsten der generativen und autopoietischen Dynamik technischer Systeme. Solche künstlerischen Arbeiten und ästhetischen Ansätze lassen sich zweifellos nicht im engen Rahmen einer ›visuellen Kultur‹ beurteilen. (ÜE-D:BE)

ANDREAS BROECKMANN *ist Kunsthistoriker und Medientheoretiker, ehemaliger Projektmanager am Institut für Instabile Medien, V2_ Rotterdam, und seit Herbst 2000 Leiter der transmediale Berlin.*

Um die Aktivitäten von De Waag verstehen zu können, muss man auf die Entstehungszeit des Web zurückblicken, auf die Jahre 1994/95, und sich an die utopischen Versprechen erinnern, die mit den neuen Medien und dem Internet assoziiert wurden. Von

De Waag

Zentrum für alte und neue Medien

Anfang an gab es die Vorstellung, dass die Technologie kein gottgegebenes und von Technikern entwickeltes Etwas war, sondern ein gesamtgesellschaftlicher Versuch, der Zukunft ein Gesicht zu verleihen. Eine technologische Kultur bahnte sich an, und auch im letzten Hinterzimmer wurde darüber debattiert, unter welchen Bedingungen und in welcher Form sie Gestalt annehmen könnte. Fünf Jahre danach ist es einfach, Ideen wie die vom access for all (Zugang für alle, speziell ins Internet und allgemein zu den neuen Medien) und vom öffentlichen digitalen Raum zu belächeln. Aber die spielerischen Experimente mit einem jungen Medium hatten die Funktion einer Avantgarde, die den Weg für die Wirtschaftswelt bereitete, die das Ganze dann übernommen hat. Staatliche Institutionen, passiv und träge wie sie sind, sahen in dieser weltweiten Kommunikationsplattform eine Bedrohung und reagierten mit verstärkter Normierung. Jetzt, da die Kreativität unter Druck geraten ist und diverse Kontrollmechanismen diskutiert werden, droht diese innovative Kultur ins Abseits geschoben zu werden.

Die Jahre 1996–2001 gestalteten sich für De Waag als besonders schwierig, weil die Position der Kultur der neuen Medien lange Zeit nicht eindeutig definiert werden konnte. Nach dem ersten euphorischen Freiheitsgefühl, das die Pioniere an der elektronischen

Grenze erlebten, setzte die Phase des Technorealismus ein, gefolgt von der ekstatischen Periode der Dotcom-Manie, einer zynischen Konterrevolution der konservativen Marktkräfte.

Inzwischen werden Konzepte für Software, Schnittstellen und Netzwerke von Künstlern und Aktivisten in Europa entwickelt. Jedes Projekt muss einen langen Weg zurücklegen – von der Idee bis zum Businessplan, um dann zur Ausführung gebracht, produziert und vermarktet zu werden. De Waag hat in diesen Jahren ein Medialab aufgebaut, das in der Lage ist, sowohl im kulturellen als auch im kommerziellen Kontext zu operieren. Die Organisation ist Teil eines Netzwerkes junger Forschungs- und Entwicklungslaboratorien in Europa, in denen kritische Konzepte und kreative Ideen auf ein konstantes Niveau gebracht werden, um mehr zu sein als bloßes »Demo-Design«.

Der gemeinsame Wunsch bestand bzw. besteht immer noch darin, neue Technologien zu demokratisieren und sie neuen Gesellschaftsgruppen zugänglich zu machen, um die Menschen nicht nur als Zuschauer oder Konsumenten zu betrachten. Neben der Aufforderung zur Teilnahme an der Debatte über die Bedingungen der vernetzten Gesellschaft, gibt es auch noch die Möglichkeit eigene Modellnetzwerke aufzubauen. Die Standards, die zur täglichen Kommunikation mittels Mobilfunk oder Internet benutzt werden, sind nicht wertneutral – sie können zur Diskussion gestellt und weiterentwickelt werden. Die Kultur der neuen Medien umfasst mehr als die Erstellung von Websites und das Produzieren von CD-ROMs für den kulturellen Sektor. Es geht auch darum, einen substantiellen und vielfältigen Dialog ins Rollen zu bringen, sowohl im kritisch-reflektierenden als auch im spekulativ-utopischen Sinne. De Waag MONM als einer der vielen Knotenpunkte im wachsenden Netzwerk kultureller Medialabs und die Publikation Metatag sind ein Versuch, diese Kultur in Wort und Bild für alte und neue Gesellschaftsgruppen festzuhalten. (ÜNL-D:US)

MARLEEN STIKKER *ist Direktorin von de Waag* - Maatschappij voor Oude en Nieuwe Media (MONM), Zentrum für alte und neue Medien*

Virtuelle Plattform

In den Niederlanden wird der Bereich der Neuen Medien bestimmt durch eine Anzahl kleiner, spezialisierter Organisationen, die sich alle einen exzellenten, internationalen Ruf auf ihrem Gebiet erworben haben. Auch wenn diese Organisationen insgesamt eigenständig operieren, arbeiten sie jedoch häufig projektbezogen zusammen, damit sie ihr Expertenwissen untereinander weitergeben, Technik austauschen können, und somit ein besseres Produkt oder einen effizienteren Prozeß schaffen. Dadurch bleiben die kleinen, spezialisierten Zentren flexibel und können schneller auf den rapiden Wandel im Bereich der Neuen Medien reagieren.

Beispielsweise der Browser Day: Im November 2001 fand er zum fünften Mal und zum ersten Mal in Berlin statt. Der Browser Day versammelt Studenten aus den Niederlanden und dem Rest Europas, um neues Interface-Design für den Allgemeinbedarf vorzustellen. Die Veranstaltung wird unterstützt von der Gesellschaft für alte und neue Medien (de Waag), in Zusammenarbeit mit Paradiso, Balie und verschiedenen Interaktionsdesign-Instituten aus den Niederlanden.

Im Jahr 2000 hat die Virtuelle Plattform die erste E-Kultur Messe organisiert, in der das work-in-progress verschiedener Kulturorganisationen im Feld der Neuen Medien in den Niederlanden und anderswo vorgestellt wurde. Das Ziel dabei war es, ein größeres Publikum über diese Arbeit zu informieren, zum Beispiel auf »geführten Touren« und Workshops für Leute aus den verschiedensten Sektoren und Gesellschaftsschichten.

Eine der Aufgaben der Virtuellen Plattform ist es, die Kooperation zwischen Organisationen und externen Parteien zu erleichtern, die daran interessiert sind, Projekte als Teil des Teams auszuführen. Die Plattform ist das Schlüsselelement in der Netzwerkstruktur, die als infrastrukturelle Organisation und als Vermittler zwischen dem Kultursektor und anderen Bereichen und der Öffentlichkeit beschrieben werden kann. Dieses Modell wurde von anderen Ländern kopiert, zum Beispiel von Österreich. Auch Kanada hat ein Netzwerk hochqualifizierter Zentren gegründet, das die Kooperation zwischen Technologie, Medien und Kreativität fördern soll. Es gibt einen entscheidenden Unterschied zwischen einem Netzwerk- und einem Satellitenmodell: Ein Netzwerkmodell hat kein Zentrum, sondern arbeitet unter der Voraussetzung, dass jedes Mitglied mit einem oder mehreren Mitgliedern kooperiert. Wie das als Empfehlung an die Politik gedachte Thesenpapier ›Von Dada zu Data‹ ganz deutlich feststellt, ist es »prinzipiell die Aufgabe der Regierung, Netzwerke und die Verflechtung der Medien zu unterstützen: Es müssen speziell für die Neuen Medien keine neuen Institutionen gegründet werden.«

Die Virtuelle Plattform spielt eine Schlüsselrolle in der Kultur der Neuen Medien in Holland, sie dient als Vermittler zwischen Organisationen und zwischen den Kultur- und anderen Sektoren sowie als Ansprechpartner für eine breitere Öffentlichkeit. (UE-D: BE)

CATHY BRICKWOOD *ist Direktorin von Virtueel Platform*

Das Ende der Provinzialität Einen Opel Kadett kaufen und ihn zu einem Saab umbauen, einem Mini Cooper, einem Alfa Romeo Guiletta Sprint Veloce, einem DAF-Sattelschlepper, einem Omnibus, einem Smart und einem Trabant, oder vielleicht doch lieber

TRANCEMEDIA

Von Simulation zu Emulation

zu einem Kinder-Roller, einem Dreirad, einem Solex-Rad, einer Harley Davidson, einem Mofa, einem Motorroller oder einem Mountainbike. Herausfinden, inwieweit der religiöse Hintergrund des Elternhauses die Persönlichkeit geprägt hat, in welchem Glaubenssystem das eigene Bewusstsein heranreifte und sich dann in die Arme des Islam und des Buddhismus fallen lassen, dazu noch eine Portion Animismus, Mutter Gottes, Free Presbyterian Church, Pfingstgemeinde und Mormonenlehre, afrosurinamische Winti-Religion, Voodoo, griechisch-orthodoxen Glauben und Bahia. Das ist Emulation. Man kauft einen Durchschnitts-PC und lässt nicht nur alle bisherige und zukünftige Software darauf laufen, sondern auch alle Versionen für einen Apple oder Atari mit ihren speziellen Möglichkeiten, alles für Playstation, Nintendo, Vectrex, Gameboy, Arcade und einarmige Banditen von gestern und heute, kurzum: alle Hardware aller Zeiten, mit allem, wozu diese imstande war, ist und in Zukunft sein wird.

Das ganze digitale Universum besteht aus Einsen und Nullen, und demzufolge kann es prinzipiell auf einer einzigen Rechenmaschine zum Leben erweckt werden. Dass es überhaupt unterschiedliche Hardwaretypen gibt, liegt an den ökonomischen Grenzen zwischen den verschiedenen Computerfirmen, die auf die jeweiligen Hardwarekomponenten übertragen werden. Emulation ist die Rückübertragung dieser zufällig entstandenen digitalen Segmente in einen universellen Code, der auf jeder Hardware laufen kann. Auf exakt diese Art und Weise verfügt man über eine historisch gewachsene Kultur, eine Nation, eine Genbank – und damit hat man das einzig erforderliche Mittel in Händen, um sich alle Kulturen und Nationalitäten einzuverleiben und sie zu imitieren, erfasst in dem absoluten Genpool, von Virus und Amöbe bis zu Primat und Walfisch, inklusive dem ganzen Pflanzenreich. Keine Multikultur, sondern Metakultur. Wenn man eine Sprache kennt, kann man die zweite lernen und die dritte, und je mehr man lernt, desto friedfertiger wird man, desto besser arbeitet das Gedächtnis. Was Schicksal war, verwandelt sich in Anerkennung. Man kann sich zum Zeitpunkt des erwachenden Selbstbewusstseins seine Existenz nicht aussuchen, aber nach dem Selbststudium kann man sehr wohl auswählen, wer man wird und wo man leben möchte. Es gibt keine Entschuldigung mehr für kosmischen Provinzialismus: Dies ist die Erde, unser Platz, der das Universum darstellt. Benehmt euch gefälligst auch so.

Das absolut Exotische Jean Baudrillard führte ca. 1980 den Begriff »Simulation« ein, um eine Beschreibung dessen zu liefern, was mit den bis zu diesem Zeitpunkt als realistisch betrachteten Medien wie Fernsehen, Radio, Film und Fotografie (auf die traditionellen Medien bezog er sich nicht) passierte. Im Gegensatz zu ihrer Selbstdarstellung sagten sie tatsächlich nichts mehr über die Wirklichkeit aus. Sie trafen einzig und allein Aussagen über sich selbst, über ihre Arbeitsmethoden und darüber, wie sie bei Individuen und beim Massenpublikum Effekte erzielen konnten. Über externe Dinge wurde nichts berichtet, aber dadurch, dass sie anscheinend etwas die Realität wiedergaben, versuchten sie das Publikum an sich zu binden. Vermutlich hatten sie nie etwas anderes getan, hatten niemals etwas über die Welt mitgeteilt, auch früher nicht, als die Menschen ihren Augen und Ohren noch trauten. Von den Medien ist man nicht deshalb so fasziniert, weil so viele interessante Informationen transportiert werden. Die Faszination entsteht vielmehr dadurch, dass Medien eine Ekstase auslösen können, einen manchmal betäubenden, manchmal erregenden Rauschzustand, inklusive Kater und Entzugserscheinungen.

Solange man so tut, als ob das, was man im Fernsehen sieht, echt ist – im Sinne von tatsächlich passiert – kann man die sonderbarsten Dramen und Überraschungen erleben und verursachen, sowohl im eigenen Kopf als auch im sozialen Umfeld. Wenn man im Fernsehen jemanden in den überfüllten Straßen Kalkuttas vor Hunger sterben sieht, kann die Reaktion darin bestehen, dass man schreckliche Schuldgefühle entwickelt und sein ganzes Leben in den Dienst von Entsagung und Reue stellt, oder hier gute Taten für die Opfer am anderen Ende der Welt vollbringt. Genauso einfach kann man daraus eine zynische Lebenseinstellung destillieren, im Sinne von: schade für die Inder, Gott sei Dank geht es uns besser. Oder man konsumiert den Dokumentarfilm als zeitgenössischen Horrorstreifen. Oder man schaltet einfach um. Die Reaktion auf das Gezeigte ist nicht zwingend mit den Bildern verbunden, aber sie ist Bestandteil des Spiels, an dem der Zuschauer teilnehmen möchte. Für Medienmacher besteht in dieser Entscheidungsfreiheit eines der Hindernisse, die man bei der Produktion fesselnder Nachrichten, erfolgreicher Soaps oder einer jener albernen Gewinnspiele zu berücksichtigen hat. Die Medien behandeln ihr Publikum, als ob es nur aus Herdentieren besteht, aus Massen von Menschen, denen Baudrillard zufolge im Grunde bewusst ist, dass sie nichts zu wissen brauchen, nichts wissen wollen, nichts verlangen können und dass sie zu nichts ihre Meinung äußern sollen. Baudrillard: »Wir erleben das alles, subjektiv betrachtet, auf paradoxe Weise, da die Masse in uns mit dem intelligenten, willensstarken Individuum, das sie verurteilt und verachtet, koexistiert.«

Jeder weiß eigentlich, dass man sich durch Medien nicht informieren, sondern anregen lässt. Was auf der Erde wirklich vor sich geht, das weiß niemand, gleichgültig, wie viele Kameras auf den Erdball gerichtet sind. Sobald irgendwo Medien auftauchen, fängt das Spiel mit den Bildern und Zeichen an, und die (eindeutige, für jeden erkennbare) Wirklichkeit verflüchtigt sich. Das einzig »Wirkliche« an unserem Umgang mit den Medien besteht in der individuellen Gestaltung dieses Verhaltens - insofern es den Medien noch nicht gelungen ist, uns das vorzuschreiben. Baudrillards Empfehlung: Glauben Sie nichts. Weder der Simulation, die sich als Wirklichkeit ausgibt, noch der Wirklichkeit, die sich als Simulation anbiedert. Alles ist immer anders, auch die eigene Meinung (man will immer etwas anderes, als man denkt). Nichts, was in den Medien auftaucht, ist authentisch. Im Reich der Medien, in dem wir leben, existieren faktisch keine Unterschiede mehr, denn alles ist einzig und allein zum Bild geworden, zum »Zeichen an der medialen Oberfläche« wie Baudrillard es nennt – und als solches austauschbar durch jedes beliebige andere Zeichen. (Man kann etwas als Interieur abbilden, aber ebenso gut als Obstschale.)

Der Unterschied, der den Unterschied ausmacht Antonio Gramsci schrieb in den 20er Jahren: Menschen verstehen sich, weil sie über die Dinge dasselbe denken. McLuhan fügte noch hinzu: Sie denken dasselbe darüber, weil sie in der Zeit, in der sich ihr Bewusstsein entwickelte, die gleichen Medien zu benutzen gelernt haben. Folglich kann man die Mitmenschen nicht mit Argumenten auf andere Gedanken bringen, sondern muss zuerst die Produktionsmittel oder die Medien erobern, um dann gleichzeitig auf alle Einfluss ausüben zu können. Durch Erziehung lernt man ganz selbstverständlich die alltägliche Wirklichkeit auf eine bestimmte Art und Weise zu betrachten und zu verstehen, so dass der einzelne Mensch unmöglich zurückverfolgen kann, woher die eigenen Gedanken und Ansichten exakt kommen. Das macht einsam. Doch dann kommt überraschenderweise der Moment, in dem man die selbstverständliche Art zu handeln oder mit Dingen umzugehen, bei anderen, bei Altersgenossen, wiedererkennt: die befreiende Entdeckung und die entdeckende Befreiung »Deiner Generation«, der Masse, der Du angehörst.

In der Zeit, in der das Selbstbewusstsein erworben wird, und man bemerkt, dass man die Verantwortung für den eigenen Lebensweg auf sich nehmen muss, hat sich das Bewusstsein über die Beschaffenheit der Welt und den eigenen Platz darin bereits vollständig herauskristallisiert, so sehr sich dieses Selbstbewusstsein auch als Verwirrung, Zweifel und Verzweiflung – kurz, als Pubertät – präsentiert. Antonio Gramsci blieb bei seiner Auffassung, dass die gesellschaftliche Klasse, in der das Individuum aufwächst, dessen Bewusstsein prägt. Marshall McLuhan vertrat die Ansicht, dass die Medien, mit denen dieses Bewusstsein die Welt kennenlernte, bestimmen, wie und was gesehen, gedacht, gewusst und gefühlt werden kann. Die Freudianer behaupteten, dass die Rolle der Eltern im Gefühlsleben eines Kindes (Sohnes) darüber entscheidet, wie dessen Bewusstsein einmal aussehen wird. Was ist tatsächlich ausschlaggebend? Wer das sicher weiß, sollte seine Meinung nicht länger für sich behalten. Alle Erklärungen haben bisher eines gemeinsam, sie gehen davon aus, dass Bewusstsein nicht von vornherein vorhanden ist, sondern sich entwickelt. Dem eigenen Bewusstsein geht immer etwas voraus und ermöglicht damit den Prozess der Bewusstwerdung. Niemand ist jemals der erste gewesen. (...) Das bedeutet, dass die objektiv existierende Wirklichkeit nicht existiert, oder zumindest ebenfalls etwas darstellt, woran man glaubt oder nicht glaubt. Wir kennen die Welt, die sich uns darbietet, nur aufgrund unserer Sinneseindrücke und der Medien, die wir mit unseren Sinnen aufnehmen. Allerdings umfasst unsere Vorstellung von der Welt unendlich viel mehr, als wir mit Hilfe unserer Sinne und der Medien registrieren. Bei allem Gesehenen phantasieren wir das Nicht-Gesehene hinzu.(...) Diese Phantasie, das Ausschmücken des Nicht-Gesehenen, lässt Rückschlüsse auf das subjektive Bewusstsein zu – und darauf, in welchem Glaubenssystem es funktioniert. Ein System, das von einer Klassengesellschaft, modernen Medien, Familiengeheimnissen und vielen anderen Einflüssen geprägt wurde, arbeitet wie ein Informationsfilter: Einige Daten werden extrem gut durchgelassen, andere wiederum daran gehindert. Was ist Information? Man kann alles Gesehene oder in anderer Form registrierte »Information« nennen, d.h. all das, was bekannt ist. Information ist demnach alles, was man mittels eines Glaubenssystems begreift, alles, was sich nach bestimmten Regeln, die man bewusst oder intuitiv anwendet, ordnen lässt, alles, was zum eigenen Weltbild gehört.

Man kann allerdings, und davon ging Vilém Flusser aus, auch dasjenige Information nennen, was unverständlich und unwahrscheinlich ist. Alles, was man schon weiß, ist nicht mehr informativ, der informative Aspekt steckt nur noch in dem, was man nicht weiß. Information umfasst alles, was sich an andere Regeln als die bisher angewandten hält, was sich außerhalb der eigenen Welt ereignet und worauf man seine Phantasie zunächst einmal loslassen muss, um daraus etwas zu machen. Gregory Bateson definierte in den 70er Jahren den Begriff »Information« folgendermaßen: »Any difference that makes a difference.« Eine Information unterscheidet sich von allem Umgebenden und erweckt gleichzeitig den Eindruck, dass sich dadurch alles, was sich in ihrer Umgebung befindet, verändert. Information ist mitteilsam und motiviert das Handlungsbedürfnis. Die Menschen verändern sich durch Informationen, und auch die Welt kann man mit Informationen verbessern.

Genau diese utopische Sichtweise war es, die Baudrillard kritisiert hat. Information ist ganz und gar nichts, was sich naturgemäß von ihrer Umgebung unterscheidet. Information ist vielmehr das, was den Eindruck des Unterschieds zu vermitteln vermag. Dieser Eindruck entsteht deshalb, weil wir mit einem medialen Filter vor unserem Blick, unserem Gehör, unserem Geschmack, unserem Geruch und unserem Tastsinn durchs Leben gehen. Wir erfahren niemals etwas über die Welt, sondern ausschließlich darüber, wie wir auf bestimmte Reize reagieren. Wenn es überhaupt etwas außerhalb unseres Selbst geben sollte, außerhalb der Gesellschaft Gramscis, außerhalb McLuhans Medien und Freuds Bewusstsein, dann werden wir darüber nie etwas erfahren, weil wir uns stets "innerhalb" der Gesellschaft, der Medien und des eigenen Bewusstseins aufhalten. Anders ausgedrückt: Es gibt keine Information außerhalb der Informationssphäre. Information erweckt lediglich den Anschein, als ob sie über irgendetwas informiert. Information ist Simulation. Es scheint um die Außenwelt zu gehen, aber tatsächlich geht es nur um Innenansichten.

Wenn die Medien sich ausschließlich mit der eigenen Funktion beschäftigen, kann man das auch so formulieren: Die Wirklichkeit kommt in keiner Weise mit den Medien in Berührung. Wenn es etwas absolut Fremdartiges, Exotisches auf der Welt oder im Universum gibt, dann handelt es sich um die Wirklichkeit selbst. Das entspricht der Erkenntnis, mit der die Mystiker schon seit jeher ringen, zu ihrem Glück und ihrem Elend. Ein Mystiker schwört allen Medien ab, um sich von etwas vollkommen Außergewöhnlichem, das alles Gekannte in den Schatten stellt, überwältigen zu lassen. Gott entspricht dem nicht wirklich Existierenden. Mystische Erfahrungen können demnach nur nachträglich erlebt werden, d. h. erst, wenn die Begegnung mit dem Nicht-Existierenden vorbei ist, beginnt der Prozess der Bewusstwerdung und der Erfahrung: die Erinnerung an die Verschmelzung, die Gewissheit, im Moment danach wieder getrennt zu sein, die Unzulänglichkeit der Sprache, die sich als unfähig erweist, diese Erfahrung zu beschreiben. Erfahrungen außerhalb der Medien verlieren sich, wenn sie nicht medial erfasst und dadurch gleichzeitig vernichtet werden. Erst, wenn man nicht mehr religiös ist, bemerkt man, dass beinahe jedes menschliche Handeln auf dem Glauben beruht.

Externe Reize Als Sokrates feststellte, dass man einzig und allein wissen kann, dass man nichts weiß, formulierte er damit das dem oben erwähnten Gedanken zugrunde liegende Prinzip. Ein Philosoph kann ausschließlich etwas über das Denken selbst erfahren, aber nichts über den Gegenstand des Denkens. Für ihn beschäftigt sich das Denken nur mit sich selbst. Je mehr man weiß, desto größer ist die Einsicht, dass es lediglich Wissen über die Erkenntnis selbst geben kann, und dass alles, was man zu wissen meinte – die Wirklichkeit oder ein Aspekt der Wirklichkeit – sich als flüchtige und oberflächliche Erkenntnis herausstellt. Die menschliche Bandbreite scheint der Fülle an Informationen nicht gewachsen zu sein, unabhängig davon, wie viele Computer sie benutzt.

Vom philosophischen Standpunkt aus betrachtet, ist es unmöglich, neues Wissen zu erwerben. Auf dem Gebiet der Erkenntnis gibt es für den Menschen nur eine Hand voll Grundhaltungen und ein paar Glaubensgrundsätze, und zwar vom ersten Aufkeimen des Selbstbewusstseins bis zum letzten Atemhauch. Diese Grundeinstellungen, die »Denkstrukturen«, kehren in der Geschichte der Menschheit immer wieder – lediglich in einer jeweils anderen medialen Verpackung. Es ist das kurze Gedächtnis der Generationen, das den flüchtigen Eindruck aufkommen lässt, es handele sich um etwas tatsächlich Neues. Bei näherer Betrachtung stellt sich heraus, dass alles immer schon einmal gedacht worden ist. Das lange Gedächtnis des Philosophen Martin Heidegger ließ ihn Ende der 50er Jahre im Hinblick auf den technischen Fortschritt für mehr Gelassenheit plädieren: Wie viele technische Geräte auch hinzukommen, die Struktur des Wissens und des Denkens wird dadurch nicht verändert. Technik ist praktisch, aber nicht wesentlich. Jedenfalls nicht für einen Philosophen.

Als Individuum kann man die wenigen tradierten Denkstrukturen vielleicht nicht verändern, aber es besteht durchaus die Möglichkeit, sich die verschiedenen Glaubenssysteme anzueignen, wie sehr man dann auch darauf achten kann und muss, zwischen ihnen zu differenzieren. Anders formuliert: Jede Erkenntnis mag Simulation sein, die verschiedenen Ausprägungen können jedoch alle gleichzeitig von einem »Wissensträger« emuliert werden, d. h., von einem Individuum oder einer Gruppe von Individuen. Aus diesem Grund ist Lesen und nochmaliges Lesen ein Leben lang der Mühe wert, wenn nicht sogar absolut unabdingbar. Auf diese Weise bleibt die Verbindung des Einzelnen zu den Medien bis zum letzten Atemzug bestehen. Emulation verhindert, dass man sich in einer erkenntnistheoretischen Software verrennt, und dass Gelassenheit in Zufriedenheit, die Kombination von Eigendünkel und Gleichgültigkeit, umschlägt.

Ein Gebiet, auf dem man durchaus noch fundamental neue Erkenntnisse gewinnen kann, ist das der Erfahrung. Vielleicht macht man weniger Erfahrungen, als man möchte, vielleicht in einem Tempo, das eher in die Nähe der biologischen Evolution als der sozialen Veränderung rückt, aber dennoch. Die menschliche Erfahrung ist, im Gegensatz zum Wissenserwerb, keine Frage der Struktur, sondern der Relation: die Verbindungen innerhalb des gesamten Komplexes menschlicher Möglichkeiten, die neben dem Verstand ebenso das Gefühl, den Willen, den ästhetischen Geschmack, die Phantasie, das Gedächtnis, das Gewissen, das Selbstbewusstsein, die sinnliche Wahrnehmung, den Instinkt und die Intuition umfassen. Einzeln betrachtet können diese elf Fähigkeiten vermutlich kaum auf eine bestimmte Art strukturiert werden, aber die Kombinationsmöglichkeiten untereinander sind unerschöpflich, da sie sich in ständiger Bewegung und Entwicklung – manchmal schrittweise, dann wieder völlig unvermittelt – befinden.

Die Beziehung, das Gleichgewicht zwischen diesen menschlichen Fähigkeiten, verschiebt und verändert sich als Reaktion auf externe Reize: bei einem Verlangen (ein subjektiver Mangel, den man ausgleichen möchte), einer Verführung (ein Übermaß außerhalb der eigenen Person, in dem man sich verlieren möchte), einer starken Argumentation oder Gewaltanwendung (eine Kraft, die von außen nach innen dringt) und einem Medienereignis (eine Kraft von innen, die nach außen dringt). Oder auf irgendeine andere Art und Weise. Jedes Mal geht es um Verschiebungen, Verformungen und Veränderungen, und nach der Reaktion ist man nicht mehr derjenige, der man vorher war, obwohl der Wissensstand unverändert bleibt. Je mehr ich mich der Einsicht nähere, dass ich nichts weiß, desto größer ist die Chance, dass das Andere, das absolut Exotische, das außerhalb der Medien Existierende sich die Mühe macht, mit mir in Kontakt zu treten. Und alles, was ich in mir gespeichert habe, verwandelt sich dadurch – in was? Simulation? Kunst?

Die Masse Um Kunst machen zu können, um etwas als Kunst erkennen zu können, muss man von der Idee ausgehen, dass außerhalb der Medien eine Welt existiert, die imstande ist, auf Medien gänzlich zu verzichten und sich manchmal ankündigt wie ein Schwindelgefühl, das sich im Kunstwerk manifestiert. »Alles existiert, aber einigen Dingen gelingt es zu erscheinen.« (Baudrillard) Und wenn die Dinge in Erscheinung treten, dann in Form eines Bildes, und nur wenn sie tatsächlich erscheinen, kann man von einem Bild sprechen, von etwas, das ansonsten nur visuelles Rauschen geblieben wäre. In dem Moment, in dem sich ein Bild zeigt, glaubt man nicht daran, aus dem einfachen Grunde, weil man noch nicht auf die Idee gekommen ist, dass es überhaupt möglich ist, daran zu glauben. Auf diese Weise entsteht Kunst: Nicht unbedingt in dem Augenblick, in dem man seine Philosophie, Erkenntnisse,

Überzeugungen, Urteile und Empfindlichkeiten über Bord wirft, um eine wilde Grenzüberschreitung in seinem Inneren zu durchleben – wie Georges Bataille es dargestellt hat –, sondern, wenn man bemerkt, dass man gar keine Philosophie, kein zusammenhängendes Weltbild und nicht einmal eine Meinung benötigt. Sobald Du das Interesse an Dir selbst verlierst, fangen die Dinge an, sich für Dich zu interessieren. Hat man erst einmal das Interesse der Objekte auf sich gezogen, ist es sehr schnell zwecklos, die Schutzmauer der Simulationen noch weiterhin aufrecht zu erhalten.

Wenn man die Idee der »objektiv bestehenden Wirklichkeit« in seine Arme schließt, erkennt man damit implizit an, dass sich die Sphäre der Medien vollkommen losgelöst hat von der wirklichen Welt, dass die Medien eine Welt mit eigenen Regeln und Interessen, eigenen Vergnügungen und Schrecknissen, eigener Geschichte und Zukunft darstellen. Eine Sphäre, von der es keinen Sinn hat zu erwarten, dass sie über etwas anderes als über sich selbst – nämlich über die Wirklichkeit – Auskunft gibt, genauso wenig wie die Realität uns etwas über das Wesen der Medien beibringen kann. Was Medien bei ihren Benutzern auslösen, ist nicht Informiertheit, Erkenntnis oder Einsicht, sondern Verführung, Ekstase – heiß oder kalt-, Hypnose. Trance.

Der Begriff »Massenmedien« scheint mittlerweile nicht mehr geeignet zu sein. Medien erreichen die Masse längst nicht mehr in dem Sinne, wie Elias Canetti sie beschrieben hat: als Menschenmenge, in der Individuen die Berührungsängste überwinden und sich mit Freude aneinander drücken, in eine Richtung, zum Zweck einer Massenentladung. Bei älteren Medien wie beispielsweise dem Konzert, der Oper, der Ansprache, dem Theater oder dem Fußballspiel – werden noch Massen generiert, mit allem was dazu gehört: Jubelgeschrei, stehende Ovationen und Gedränge in Richtung Podium. Es kommt noch vor, dass die Leute beim Abspann eines Films applaudieren, aber das Medium des Films intendiert im Grunde bereits die Verführung des individuellen Zuschauers. Die massenhafte Unterstützung eines guten Zwecks oder unrechtmäßigen Krieges, die das Fernsehen ab und zu noch hervorrufen kann, wird nur noch anhand der eingegangenen und veröffentlichten Spendengelder offensichtlich – schon über drei Millionen auf dem Konto! Die großzügigen Spender werden sich allerdings niemals begegnen. Während eines Popkonzerts gelingt es einer Band manchmal, den ganzen Saal in eine einzige Masse zu transformieren: mitsingen, Zugaben einfordern und die Bühne stürmen. Aber ansonsten geht es der Nachkriegs-Medienlandschaft des Rundfunk- und Fernsehwesens inklusive der digitalen Medien nicht mehr um das Erreichen von Menschenmassen, sondern um das Auslösen individueller Erfahrungen und das serielle Kreieren eines Trancezustandes. Und das oft bei gigantischen Menschenmassen gleichzeitig: die Tanzpartys, bei denen sich Zehntausende von Jugendlichen andächtig unter der Leitung von DJs und VJs um ihre eigene Achse drehen und ihren persönlichen Trip erleben, ohne sich gegenseitig zu berühren.

Trance Simulation: Es sieht aus wie echt, aber es ist nicht echt. Eine Kopie ohne Original, die Imitation des Unechten. Baudrillards heroischer Versuch, den kompletten Inhalt aller Medien als Simulation zu betrachten, ist leider zum Scheitern verurteilt, denn der Begriff Simulation impliziert die Existenz des Wirklichen, sei es auch nur in negativer Form. Immer, wenn man die Realität ablehnt, wird offensichtlich, dass sie wieder einmal so präsent geworden ist, dass man sie abermals verleugnen muss. Bolter und Grusins Begriff »Remediation« ist in diesem Zusammenhang die raffiniertere Beschreibung. Bei Tele-Operationen, chirurgischen Eingriffen auf Distanz, muss man davon ausgehen, dass der Chirurg am Ort B auf dem Monitor das zu sehen bekommt, was tatsächlich am Platz A existiert, nämlich ein zu operierender Körper unter Narkose. Das auf seinem Monitor gezeigte Bild ist folglich nichts Simuliertes, aber es setzt sich aus anderen Medien zusammen, ist »remediated«. Der Chirurg weiß, wie er mit diesem Bild umzugehen hat, er ist in der Lage, es zu deuten und die Operation durchzuführen, mit allen denkbaren Folgen für den ach so wirklichen und entfernt sich befindenden Patienten. Das chirurgische Bild sagt sowohl etwas darüber aus, wie Live-Bilder auf dem Monitor funktionieren, als auch über die konkrete Existenz des Körpers. Es sieht aus wie eine Simulation, aber es ist keine.

Eigentlich trifft man selten auf Simulationen in Reinform. Fast alles, was sich einem im Zusammenhang mit den Medien aufdrängt, ist auf die eine oder andere Weise Propaganda (für eine bestimmte Politik, ein Produkt oder einen Lebensstil). Dennoch bilden reine Simulationen die inhaltliche Grundlage für Emulationen. Die ökonomische Grenzlinie zwischen verschiedenen Hardwarefirmen war keine Folge spezifischer Merkmale des Mediums Computer, sondern sie resultierte aus den historischen Begebenheiten: dem Egotrip der Entwickler und dem Drang der Geschäftsleute, Geld zu verdienen. Emulation durchbricht diese künstliche Grenze und relativiert damit die ökonomische und kulturelle Geschichte des Computermediums. Nachdem so manches antike Format nicht mehr benutzt wird, ist Emulation paradoxerweise das einzige Mittel, mit dem ein Computer seine eigene Geschichte zugänglich machen und bewahren kann. Die Emulation jeglicher früherer Hard- und Software ist die einzige Möglichkeit, auf dem Computer selbst Computergeschichte zu schreiben. Die soziale und finanzielle Wirklichkeit rund um den PC spielt dabei keine Rolle, es geht nur um die dem Computer immanenten Möglichkeiten.

Traditionelle Historiker haben bereits Kritik gegenüber dieser Form der ahistorischen Geschichtsschreibung geäußert. Sie begründen ihren Standpunkt damit, dass soziale, kulturelle, politische und kommerzielle Aspekte Form und Inhalt eines Mediums beeinflussen und somit neben den rein technischen Charakteristika ebenso dazugehören. Die militärische Vorgeschichte des Computerzeitalters lässt sich bis zur »Kommandozeile«, in die man einen Befehl eintippt, den die Maschine blindlings auszuführen hat, zurückverfolgen. Außerdem gibt es auch kein demokratisches Verhältnis zwischen Benutzer und PC, und hinter jeder Imitation verbirgt sich etwas anderes, das allerdings echt ist. Das Zweigespann Simulation-Realität ist nicht die einzig mögliche Kombination, eine andere Möglichkeit bildet das Verhältnis zwischen Simulation und Trance. Sobald man ein Medium nicht mehr zu reinen Informationszwecken verwendet, sondern damit intensive Gefühle hervorruft, hat man bereits das Realität-Simulations-Paradigma verlassen und sich auf die Simulations-Trance-Ebene begeben. Wenn es etwas gibt, das Trance bewirken kann, dann ist es Simulation. Jedes Spiel, das aus Bildern und Zeichen besteht, erzeugt eine Art glückselige Konzentration. Durch die Emulation verschiedener Spiele konserviert die posthistorische Generation der Computerfans die vergangenen Trances bis in alle Ewigkeit. Nicht nur die des Gamen und Chatten, sondern alle denkbaren Trances, die in allen Medien, allen Kulturen und allen Religionen ihren Platz haben.

Warum Trance? Ein Trancezustand ist eine körperliche Reizung, die dem Körper als einzig mögliche Konsequenz signalisiert, sich darin zu verlieren. Die Benutzer der Medien, die Leser, Fernsehzuschauer, Gameboy-Spieler, Technodancer, Fotoliebhaber, Museumsbesucher und Radiohörer werden von der Reaktion auf den Körper fasziniert, der durch das Einströmen externer Energie in einen Zustand versetzt wird, den er aus sich selbst heraus niemals hätte erreichen oder beibehalten können. Der Körper (das Verhältnis der elf Fähigkeiten untereinander) wird im Trancezustand selbst zum Medium, zum autonomen Spiel mit Zeichen, Bildern, Impulsen und Schwingungen. Vorübergehendes Gleichgewicht, Verschiebungen, erneutes Anordnen, ein neues zeitlich begrenztes Gleichgewicht: Trance ist Konzentration auf das innere Geschehen, die Gefühle, Intuitionen, Instinkte, Vorlieben, Wünsche, Gedanken, Gerüche, Erinnerungen... Und es ist wunderbar. Wir benutzen die Medien nicht, weil wir ein »Verlangen nach Unmittelbarkeit« haben, wie es Bolter und Grusin nennen, sondern aus dem Verlangen heraus, eine direkte Erfahrung zu machen, die nicht in unserem Selbst verankert ist. Wir möchten uns selbst erleben, wie wir nicht sind. Und das am liebsten immer anders.
(ÜNL-D:US)

ARJEN MULDER *ist freier Autor, Übersetzer, Redakteur*

LITERATUR

Brickwood, Cathy: *From Practice to Policy, New Media Culture in the Netherlands*, Bergen 1999.*

Broeckmann, Andreas: *Knowbotic Research - Wirksamkeit und konnektives Handeln. Konstruktionen im Translokalen*. (www.kulturproduzent.ch/brainstorming/referenten/ wilhelm/ knowbot.htm)

Broeckmann, Andreas: *A Measure of Distance*. In: Jean-Marie Schaeffer (Hrsg.), *Think Art. Theory and Practice in the Art of Today*. Rotterdam, 1998.*

Boers, Waling: *Action Jamming-Aernout Mik*. In: *Loop magazine*, New York, 03/2001*

Bunz, Mercedes: *Das Netz fassen, Netztheorie mit Preferred Placemend*. In: *De-Bug-6/2000*.*

Cachola Schmal Peter (Hrsg.): *Blobmeister. Erste gebaute Projekte*. Basel, 2001.

De Architect, 9/ 2001: *UN Studio, Nuclear Magnetic Resonance (NMR) Laboratory*, Utrecht.

De Architect, 5/2001: *Integratie tijd en ruimte in ontwerpmethodiek. UN studio on the move.*

De Architect, 6/ 2001: *Computergebruik in de architectuur.*

Holtapples, Heiner: *Design of time, De invloet van nieuwe technologieën op de beeldende kunst*, Amsterdam, 2001.

Holtappels, Heiner (Hrsg.): *Nederlands Instituut voor Mediakunst*, Amsterdam, 2001.*

Jansen, Bert: *Rob Johannesma - Jezelf zien kijken*. In: *Bulletin van het Stedelijk Bureau Amsterdam*, 1/2000.*

Kraudzuhn, Henning: *Globaler Noise im Dorfzentrum*. In: *TAZ*, Berlin, 3.12.01*

Luhmann, Niklas: *Soziale Systeme. Grundriß einer allgemeinen Theorie*, Frankfurt/Main, 1984.

Maturana, Humberto/Varela, Francisco J.: *Autopoiesis and Cognition: The realization of the living*, Boston, 1980.

Maturana, Humberto R.: *Erkennen: Die Organisation und Verkörperung von Wirklichkeit. Ausgewählte Arbeiten zur biologischen Epistemologie*, Braunschweig, 1982.

Müller, Vanessa Joan: *Drogen-De Rijke/ De Rooij*. In: *Neue Welt*, Kunstverein Frankfurt, 2001.*

Mulder, Arjen: *Trancemedia. From Simulation to Emulation*. In: *Mediamatic9 # 4/10#1*, Amsterdam, 1999, überarbeitete Version, November 2001.*

Mulder, Arjen und Maaike Post: *Interview met Geert Lovink*. In: *book for the electronic arts*, Amsterdam, Rotterdam, 2000.*

Neutelings Willem Jan: *Blobs, Pixels and push-up bras*. In: Archis, 2/2000.

Nieuwenhuisen, Martijn: *Hanging around*, Museum Ludwig, Köln, 1999.

Norman, Sally Jane: *New Media in Touch with creative gesture*. In: *New Media in Europe*, Amsterdam, 1999.*

Oosterhuis Kas: *Game, set and match. Design in the age of digital revolution*. In: Archis, 3/2001.

Pélenc Arielle: *Wetgrid. Lars Spuybroek on his exhibition design »Vision Machine«*. In: Archis 8/2000.

Quarmby Arthur: *The plastics architect*. London, 1974.

Rogers, Richard: *Preferred Placement* (Abb. 46, 47), Maastricht, 2000.*

Reijnders, Jellichje: aus *Agora Phobia Digitalis. Chatten in een izoleerzuil* In: Metropolis M, 4/2000.*

:LITERATUR/ABBILDUNGEN

Rinck, Monika: *Begriffsstudio*, 1996-2001, Berlin, 2001.

Schwarz, Michiel: *Digitale Media in de technologische Cultuur*. In: *Cultuur als confrontatie, cultuurnota 2001-2004*, Ministerium für Bildung, Kultur und Wissenschaft (OCW), Zoetermeer, 2001.

Scheutle, Rudolf: *Aernout Mik-Fluff*. In: *Moving Pictures*, Fototriennale Esslingen, Ostfildern-Ruit, 2001.

Stikker, Marleen: *Internet als publiek domein*. In: *Metatag* vs 0.1-26 *hits over technologie en cultuur*, Amsterdam, 2001.*

Thackara, John: *The Edge Effect*. In: *New Media Culture in Europe*, Amsterdam 1999.

Tischler, Ute: *observer/secret services* 1, zur Ausstellung P.A.R.K. 4tv, Berlin, 2001.

Van Dijk, Hans: *Architecture dissolved in Infrastructure. The Arnhem station complex by UN Studio*. Archis, 11/2000.

Van Egeraat, Erick: *Cool medium*. Ausstellungskatalog Aedes, Berlin, 1997.

Velthoven, Willem: *This book will disappear*. In: *Mediamatic* 9#4/10#1, Printed Issue, Amsterdam, 1999.

Verstegen, Ton: *Tropismen. Metaforische Animatie en architectuur*. Amsterdam, 2001.

Weibl, Peter und Edith Decker (Hrsg.): *Vom Verschwinden der Ferne- Telekommunikation und Kunst*, Köln, 1990.

Welzbacher, Christian: *Die Geburt der Postmoderne aus dem Geist der Polemik. Zum fragilen Verhältnis zwischen Geschichte, Popkultur, Humor und (Computer)Architektur*. In: *testcard* 11/2002.

ABBILDUNGEN:*

SEITE 8-10: Microbi, Marco: *Aeronout Mik - Glutinosity*, Galerie Carlier/Gebauer, Berlin, 2001.

SEITE 12: Maat, Hermen: *Paranoid Panopticum*, 2000.

SEITE 15: Johannesma, Rob: Videostill, Galerie Kamm, Berlin, 2001.

SEITE 17: *links:* Zimmer, Hans Brinker Hotel, aus Katalog, 2000. *rechts:* Hans Brinker Hotel, Werbebroschure, 2001.

SEITE 18: *links:* Nox: *Tommy*, ceramic container, 1998, *rechts:* Nox: *Self-shaping Houses*, 2001.

SEITE 19: Nox: *Self-shaping Houses*, 2001.

SEITE 24: Lancel Karen: *Opblazbare zuil (Isoliersäule)*, vor dem Stedelijk Museum, Amsterdam, 2001.

SEITE 30: *Doors of Perception #6*: Ausschnitt aus dem Titelblatt, Novemer, 2000.

SEITE 39: Erik Kriek: *Sonderangebot: Staalplaat*, Originalposter Siebdruck, Labelpräsentation, 1996.

SEITE 40: *Mediamatic, The Printed Issue*: Ausschnitt aus Oliver Messiaen's *Regard de l'esprit de joie*, aus seinem Zyklus *Vingt regards*, Seite 132.

SEITE 46, 47: Rogers, Richard (Hrsg.): *Karte einer Netzwerkanalyse*, aus Prefered Placement, 2000.

SEITE 53: aus Jean-Luc Goddard: *Alphaville*, 1965.

*besonderer Dank den Autoren und Verlage für das Einräumen der Bild- und Nutzungsrechte

V2_Institute for Unstable Media
www.v2.nl
Eendrachtsstraat 10, 3012 XL Rotterdam, NL
T: +31 (0)10-2067272, F: +31 (0)10-2067271
E: v2@v2.nl
Interdisziplinäres Zentrum für Kunst und Medientechnologien. Ausstellungen, Performances, Workshops, Symposien. Website mit theoretischen Texten und Publikationen zu den Themen Netzkunst, Urbanismus. V2_ organisiert das DEAF, (Dutch Electronic Art Festival)
MEDIENKUNST

Netherlands Media Art Institute
Montevideo/Time Based Arts
www.montevideo.nl
Keizersgracht 264, 1016 EV Amsterdam, NL
T: +31 20 623 7101 , F: +31 20 624 4423
E: info@montevideo.nl
Medienkunst-Ausstellungen und Veranstaltungen, Workspace, Newsletter, Kunstprojekt- und KünstlerInnenarchiv namens Cyclope
MEDIENKUNST

INFODROME
www.infodrome.nl
Kloveniersburgwal 29
P.O. BOX 19121, 1000 GC Amsterdam, NL
T: +31 (0)20 5510859, F: +31 (0)20 6204941
E: info@infodrome.nl
Informationseite mit Linkliste und einer großen Anzahl theoretischer Texte zur Transformation der Gesellschaft, des Urbanen, des Zuhause im Zeitalter der Information.
MEDIENTHEORIE

Virtueel Platform
www.virtueelplatform.nl
Keizersgracht 264, 1016 EV Amsterdam, NL
T +31 (0)20 627 37 58, F +31 (0)20 624 44 23
E: info@virtueelplatform.nl
Ein vermittelndes Netzwerk zwischen Politik und Kooperationspartners im Bereich der Neuen Medien und der Alltagskultur in den Niederlanden. Ziel ist die freie Entwicklung, Anwendung und freier Zugang zu ICT. Newsletter und Archiv über Projekte, Veranstaltungen zum Thema Medienkultur.
MEDIENTHEORIE

Doors of perception
www.doorsofperception.com
Wibauthuis
Wibautstraat 3, 1091 GH, Amsterdam, NL
T: +31 (0)20 596 3220, F: +31 (0)20 596 3202
E: desk@doorsofperception.com
Website mit der Dokumentation der jährlich stattfindenden Konferenz »Doors of perception«, einer Konferenz zu Fragen der Aufgabe des Designs für Multimedia und Netzwerke
MEDIENDESIGN

Stedelijk Museum Bureau Amsterdam
www.smba.nl
Rozenstraat 59 /, 1016 NN Amtsterdam, NL
T: +31 (0)20 422 04 71, F:+31 (0)20 626 17 30
E: e-mail@smba.nl
Website einer Abteilung des Stedelijk Museums Amsterdam mit Ausstellungsdokumentationen zeitgenössischer (Medien-)kunst
KUNST

De Appel
www.deappel.nl
Nieuwe Spiegelstraat 10
1017 DE Amsterdam, NL
T: +31 (0)20 6255651, F: +31 (0)20 6225215
E: info@deappel.nl
Zentrum für zeitgenössische Kunst, Ausstellungen, Curatorial-Trainee-Programm, Videopräsentationen
KUNST

Vereniging Digitaal Erfgoed Nederland
www.den.nl
Prins Willem-Alexanderhof 5
Postbus 90407, 2509 LK Den Haag, NL
T: +31 (0)70 - 314 03 43, F: +31 (0)70 - 314 01 00
E: den@den.nl
Website mit dem politischen Ziel, freien Zugang zum »digitalen Erbe« zu schaffen. Archiv für digitale Information.
THEORIE + ARCHIV

Kennisnet
www.kennisnet.nl
Postbus 778, 2700 AT Zoetermeer, NL
T: +31 (0)79-3230996, F: +31 (0)79-3212322
E: redactie@kennisnet.nl
Lernmitteldatenbank für SchülerInnen und LehrerInnen
ARCHIV

Waag Society for old and new media
www.waag.org
Nieuwmarkt 4, 1012 CR Amsterdam, NL
T: +31 (0) 20 5579898
E: society@waag.org
PORTAL/INFOWEBSITE ZU WEBKULTUR-VERANSTALTUNGEN

Kaas Oosterhuis
www.oosterhuis.nl
essenburgsingel 94c, 3022 EG Rotterdam, NL
T: +31 (0)10 244 70 39, F: +31 (0)10-244 70 41
E: info@oosterhuis.nl
Oosterhuis.nl ist ein multi-disziplinäres Architekturbüro, wo Architekten, Bildende Künstler, Web-Designer zusammenarbeiten.
ARCHITEKTUR

UN studio
www.unstudio.com
Van Berhel & Bos
Stadhouderskade, 113 1073 AX Amsterdam, NL
T: +31 (0)20 570 20 40, F: +31 (0)20 570 20 41
E: info@unstudio.com
Netzwerk von Spezialisten für Architektur, Urbanismus und Infrastruktur
ARCHITEKTUR

www.eea-architects.com
Calandstraat 23, 3016 CA Rotterdam, NL
T: +31 (0)10 436 96 86, F: +31 (0)10 436 95 73
E: eea@eea-architects.com
ARCHITEKTUR

ADRESSEN/FESTIVALS

ATTILA Foundation
www.atilla.nl
essenburgsingel 94c, 3022 EG Rotterdam, NL
T: +31 (0)10 244 70 39, F: +31 (0)10-244 70 41
E: attila@attila.nl
ATTILA Foundation/Rotterdam: paraSITE
aufblasbare Skulptur mit Internet-Studio, die als offenes Studio für Künstler und Komponisten fungiert.
TEMPORÄRES WORKSPACE

Lars Spuybroek/NOX-architects
Mathenesserlaan 443, 3023 GJ Rotterdam, NL
T: + 31 (0)10 477 28 53
E: nox@luna.nl
ARCHITEKTUR

Karen Lancel
www.agora-phobia-digitalis.org ist ein Teil von
www.nestheaters.nl/TraumaTour
E: lancel@dds.nl
KUNSTPROJEKT

Architectura & Natura
www.architectura.archined.nl
Leliegracht 22, 1015 DG Amsterdam, NL
T: (31)20-6236186, F: (31)20-6382303
E: architectura@archined.nl
BUCHHANDLUNG

pro qm
www.pro-qm.de
Alte Schönhauser Straße 48, 10119 Berlin
T: +49 (0)30 247 28520, F: +49 (0)30 247 28521
E: info@pro-qm.de
Thematische Buchhandlung zu Stadt, Politik, Pop, Ökonomie, Architektur, Design, Kunst & Theorie
BUCHHANDLUNG

ARCult Media Verlagsbuchhandlung
für Kultur & Wissenschaft
www.arcultmedia.de
Dahlmannstr. 26, 53113 Bonn
T: +49 (0)228 211059, F: +49 (0)228 217493
E: info@arcultmedia.de
BUCHHANDLUNG UND ONLINE SHOP

www.mediamatic.nl
Postadresse
Postbus 17490, 1001 JL Amsterdam, NL
T: +31 (0) 20-626 6262, F: +31 (0)20 - 626 3793
E: desk@mediamatic.nl
Besucheradresse
Prins Hendrikkade 192
1011 TD Amsterdam, NL
WEBMAGAZIN

http://amsterdam.nettime.org/
Nettime-NL
Wichtig für Info aller Art, vergleichbar der Rohrpost
MAILINGLISTE FÜR NETZKULTUR

ZKM_
Zentrum für Kunst und Medientechnologie
www.zkm.de
Lorenzstraße 19, 76135 Karlsruhe
T: +49[0]721 - 8100 - 0
F: +49[0]721 - 8100 - 1139
E: info@zkm.de
MEDIENZENTRUM

Podewil
www.podewil.de
Klosterstraße 68-70, 10179 Berlin-Mitte
T: +49 (0)30 247 49-6, F: +49 (0)30 247 49-700
E: pr@podewil.de
FESTIVALS; VERANSTALTUNGSORT FÜR MEDIENKULTURELLE EREIGNISSE

transmediale
international media art festival
www.transmediale.de
Klosterstraße 68-70, 10179 Berlin-Mitte
T: +49 (0) 30 24 72 19 07
F: +49 (0) 30 24 72 19 09
E: info@transmediale.de
FESTIVAL

CYNETart
www.body-bytes.de
CYNETart Office
Schandauer Straße 64, 01267 Dresden
T: +49 (0)351 3400033, T: +49 (0)351 3400673
F: +49 (0)351 3400033
E: eidol@body-bytes.de
Festival für computergestützte Kunst und interdisziplinäre Medienprojekte
FESTIVAL

Impakt-Utrecht
www.impakt.nl
T: +31 (0)30 294 44 93
E: info@impakt.nl
2.-7. Oktober in Utrecht
FESTIVAL

Medientage München
www.medientage-muenchen.de
c/o DVB Multimedia Bayern GmbH
Ottobrunner Str. 6, 81737 München
T: +49 (0) 89 68 999 - 0, F: +49 (0) 89 68 999 - 199
E: info@medientage-muenchen.de
MEDIENKONGRESS

Steim
www.steim.nl
Achtergracht 19, 1017 WL Amsterdam, NL
T: + 31 (0)20 6228690, F: + 31 (0)20 6264262
knock@steim.nl
ZENTRUM FÜR ELEKTRONISCHE MUSIK

Staalplaat
www.staalplaat.com
P.O. Box 11453, 1001 GL Amsterdam, NL
F: +31 (0) 20 623 92 81
E: info@staalplaat.com
ZENTRUM FÜR ELEKTRONISCHE MUSIK

www.buerofriedrich.org
Postadresse
Büro Friedrich
P.O. Box 640137, 10047 Berlin
Besucheradresse
Büro Friedrich
Holzmarkt 56-58
S-Bahn Bögen, 10179 Berlin
T: +49 (0)30 20 16 51 15,
F: +49 (0)30 20 16 51 14
E: office@buerofriedrich.org
KUNST/GALERIE

HANS BRINKER BUDGET HOTEL
www.brinker.nl
Kerkstraat 136-138, 1017 GR Amsterdam, NL
T: +31 (0) 20 62 20 687
Glasboxdisko, Kunstpreisausschreibung und Website, über die auch Zimmer gebucht werden können:
http://www.brinker.nl/book.htm
HOTEL

De Balie
www.balie.nl
Kleine-Gartmanplantsoen 10
1017 RR AMSTERDAM
T: +31 (0)20 5535151
E: uitgeverij@balie.nl
VERANSTALTUNGSORT

ArchiNed
www.archined.nl
PO Box 493, 3000 AL Rotterdam, NL
F: +31 (0)10-2409995
E: office@ArchiNed.nl
Website mit vielen Links zu Architekturzentren etc.
ARCHITEKTUR

New Media UndergroundFestival
www.nmuf.org
siehe auch:
http://adapter.dopesyndicate.com/about
E: communicate@nmuf.org
FESTIVAL

www.off-corso.nl
Kruiskade 22, 3012 EH Rotterdam, NL
F: +31 (0) 10 4113 897
E: info@off-corso.nl
Veranstaltungen, Elektronische Musik, Ausstellungen
MULTIMEDIALOUNGE

www.nl-design.net
E: info@nl-design.nl
DEIGNPLATTFORM

edrom
www.edrom.net
T: 030. 263 998 15
Am Anhalter Bahhof, Berlin Kreuzberg
Mit dem Symposium etopia ein jährlich stattfindendes Treffen in der kleinen Arena des Tempodrom.

besonderer Dank für die Unterstützung dieses Projekts gilt:
Alex Adriaanses V2_ Rotterdam
Andreas Broeckmann - transmediale, Berlin

Distribution
edition sutstein & krüger consulting
www.edition-sutstein.de
Postfach 150 405, 10666 Berlin
T/ F: +49 (0)30-881 76 32

E-mail:sutstein@gmx.net
Abholung direkt nach Terminvereinbarung
Goethestraße 72, 10625 Berlin
T: +49 (0)31 01 88 0, F: +49 (0)31 01 88 10

pro-qm
Buchhandlung +Versand
Alte Schönhauser Allee 48, 10119 Berlin
T: +49 (0)30- 247 28 520,
F: +49 (0)30- 247 28 521

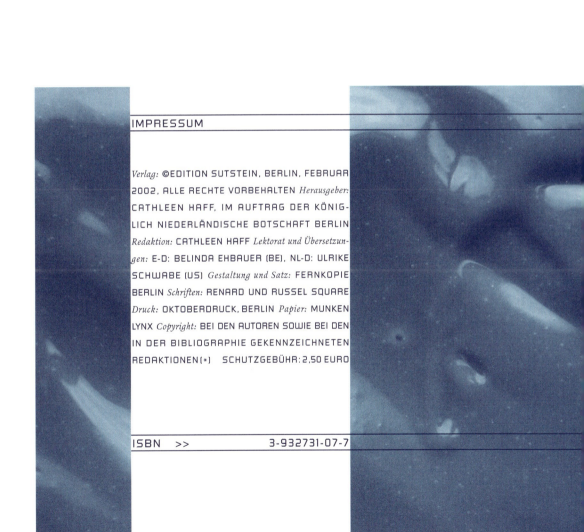

IMPRESSUM

Verlag: ©EDITION SUTSTEIN, BERLIN, FEBRUAR 2002, ALLE RECHTE VORBEHALTEN *Herausgeber:* CATHLEEN HAFF, IM AUFTRAG DER KÖNIGLICH NIEDERLÄNDISCHE BOTSCHAFT BERLIN *Redaktion:* CATHLEEN HAFF *Lektorat und Übersetzungen:* E-D: BELINDA EHBAUER (BE), NL-D: ULRIKE SCHWABE (US) *Gestaltung und Satz:* FERNKOPIE BERLIN *Schriften:* RENARD UND RUSSEL SQUARE *Druck:* OKTOBERDRUCK, BERLIN *Papier:* MUNKEN LYNX *Copyright:* BEI DEN AUTOREN SOWIE BEI DEN IN DER BIBLIOGRAPHIE GEKENNZEICHNETEN REDAKTIONEN(*)   SCHUTZGEBÜHR: 2,50 EURO

ISBN   >>   3-932731-07-7

Vla ist eine zähflüssige niederländische Süßspeise. Ihre verschiedenen Geschmacksrichtungen werden gerne zu einer Mischung verrührt. Dementsprechend mischen sich in dieser Dokumentation theoretische und praktische Aspekte der Medienkunst sowie zahlreiche Kunstgenres untereinander: Architektur mit Tanz, Bildende Kunst mit Musik, Verhaltenstheorie mit Netzforschung, Politik mit Hotellerie. Den Mix fordert das Thema selbst. Aktuelle Positionen werden nebeneinandergestellt. Ihr gemeinsamer Nenner ist die grundlegende Hinwendung zu den Neuen Medien. Browser, Interfaces, virtuelle Netzwerke sind, wie auch Vla, gestaltlos, passen sich ihrer jeweiligen Hülle an, fließen einander zu und gehen ineinander über. Kaum merklich vermischen sich dabei analoge und digitale Wahrnehmungen.

WWW.MEDIAVLA.DE

**MOTIV AUF DER TITELSEITE:
HACKERBRÜCKE** VON FLORIAN KLAMERT
Fotografiert leidenschaftlich seit ca. drei Jahren, studiert aber noch nebenbei. Seit Juni 2013 hat er ein Gewerbe als Fotograf angemeldet.